EX-LIBRIS
DU CABINET
D'UN VIEUX BIBLIOPHILE

LETTRES

DE

JULIE A EULALIE,

O U

TABLEAU

D U

LIBERTINAGE DE PARIS.

A LONDRES,

Chez JEAN NOURSE, Libraire.

M. DCC. LXXXIV.

PRÉFACE DE L'ÉDITEUR.

DIVERSES *affaires m'ayant appellé à Bordeaux, je fis connoissance, au spectacle, de la charmante Eulalie. J'étois un jour chez elle, où j'allois quelquefois dissiper mon ennui, lorsque cette belle ouvrant son secrétaire, pour y prendre des papiers dont elle avoit besoin, j'apperçus un gros paquet de lettres. Je lui en témoignai ma surprise & lui demandai avec qui elle pouvait être en si grand commerce de lettres. ,, Avec l'aimable Julie, ré- ,, pondit-elle, nous avons été inti- ,, mement liées ensemble à Paris, d'où ,, elle se plaisoit à m'écrire ; mais ,, hélas ! je suis fâchée, notre corres- ,, pondance est interrompue ; elle est ,, allé voyager avec un Anglois ".*

A 2

Curieux de voir sur quoi pouvoit rouler une correspondance si étendue entre deux filles de cette espece, je priai Eulalie de me la prêter. ,, Volontiers, ,, me dit-elle en riant, mais à condi- ,, tion que vous me la rendrez ". Je le lui promis & l'emportai.

Retiré chez moi, je me mis à lire une grande partie de ces lettres qui me parurent intéressantes. Jugeant aussitôt que leur publicité ne pouvoit qu'être très-utile au Public si souvent trompé par nos Laïs modernes, je me hâte de les lui communiquer. Je me suis permis quelques notes que j'ai cru nécessaires pour ceux qui ne connoissent pas Paris. Je m'estimerai très-heureux si cette lecture, en faisant connoître les ruses de ces demoiselles, peut au moins diminuer le nombre de leurs dupes.

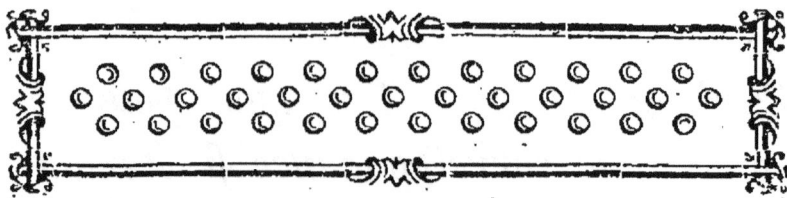

LETTRES

DE

JULIE A EULALIE.

PREMIERE LETTRE.

Paris, ce 12 Avril 1782.

J'ai appris, ma chere amie, avec bien du plaifir, ton arrivée à Bordeaux. Tu as été fort heureufe de trouver dans la diligence un officier d'Infanterie qui t'ait défrayée & donné dix louis. C'eft un de ces événemens qui n'arrivent qu'une fois dans la vie ; car ordinairement ces Meffieurs ne font pas riches.

Croirois-tu que , depuis ton départ, la *Lebrun* (1) a trouvé le moyen de me faire

(1) Maquerelle à Paris.

A 3

paffer pour pucelle, & de vendre 50 louis ma prétendue virginité à un jeune homme ufé de débauches, qui a la manie des pucelages. Je lui fus préfentée comme une petite payfanne nouvellement arrivée de fon village. Dès qu'on m'eut livrée à fa difcrétion, je n'omis aucune des fimagrées d'ufage dans pareilles occafions ; je pouffai des cris perçans, je pleurai, j'égratignai : en un mot, j'ai joué mon rôle d'un air fi naturel, qu'il m'a cru auffi vierge que l'enfant qui vient de naître. Quoique fon priape pliât à chaque inftant & fût fi foible qu'à peine en fentois-je les coups, je gémiffois profondément, je le fuppliois d'avoir pitié de moi, de ne pas me déchirer davantage, que j'en mourrois s'il continuoit. L'amour-propre, qui aveugle toujours les hommes fur cet article, lui fit croire qu'il avoit fait des efforts héroïques. Il étoit fi content enfin, qu'il me donna cinq louis pour mes rubans (1). Que

_____

(1) Les demoifelles appellent ainfi ce qu'on leur donne au-deffus du marché. C'eft pour elles, la maquerelle n'y prétend rien.

nous favons bien tromper les hommes quand
ils veulent l'être, & qu'ils font affez fots
de payer pour cela ! Donne-moi fouvent de
tes nouvelles. Ton amie pour la vie.

Ce Vendredi 17 Mai 1782.

J'AI été, ma chere amie, d'une partie
de plaifir à la maifon de campagne du Duc
de C***, à Mouceau. Nous étions huit,
quatre hommes & quatre femmes. Après le
foupé, nous avons paffé dans un charmant
boudoir entouré de glaces. Tout le monde
s'eft mis *in naturalibus*, (c'eft ainfi que ces
Meffieurs appellent fe mettre nu); enfuite
nous étant groupé deux par deux, chacun
dans une pofture différente, nous nous
fommes donné réciproquement un fpectacle
charmant. Jamais je n'ai eu tant de plaifir.
Après nos libations amoureufes, nous avons
danfé & fait mille folies jufqu'à cinq heures
du matin. Jeudi nous devons recommencer
une pareille fcene ; je ferois charmée que tu

puiſſe être des nôtres. Comme ton beau corps y figureroit bien !

La femme de chambre que tu avois , & qui étoit entrée chez la *Urbain*, vient de la quitter ; elle eſt venue me voir ce matin & m'a dit que ſouvent chez cette inſolente il n'y avoit pas de quoi dîner , depuis que le petit B . . . . . . eſt retenu à ſon régiment par ordre du Roi. Je verrai à la placer ; elle m'a chargé de t'aſſurer de ſon reſpect, elle te regrette beaucoup. Je finis , mon cëffeur entre & je ne puis le renvoyer. Je dois me rendre à quatre heures chez la Préſidente(1), tu devines aſſez pourquoi ; je t'en dirai davantage une autrefois. Ta chere amie pour la vie.

(1) C'eſt la Briſſeau , maquerelle de Paris , ſurnommée la Préſidente parce qu'elle eſt intendante des plaiſirs de Meſſieurs du Parlement ; elle a auſſi la direction des ſoupés de la petite maiſon de Mouceau du Duc de C. En général , c'eſt elle qui a la pratique des paillards honteux. Elle a ſi bien fait ſes affaires dans ce commerce , qu'elle a une maiſon ſuperbe dans la rue Françaiſe , qui lui a coûté plus de 200000 liv.

Ce Lundi 20 Mai 1782.

QUE les hommes, ma chere amie, ont
des goûts bifarres! Il m'a fallu hier, chez la
Préfidente, fouetter pendant plus de deux
heures un vieux Préfident, tandis qu'à genoux devant moi, il me gamahuchoit. A
peine étoit-il parti, qu'il vint un Abbé dont
le goût étoit au moins aufli fingulier, quoique plus plaifant. Après nous être mis nus
tous deux, il m'a fallu marcher à quatre
pattes par la chambre, pendant que l'Abbé
me fuivoit dans la même attitude. Etant
entré en rut après quelques tournées, ce
nouvel Adonis fe mit en devoir de m'enfiler
en levrette, henniffant comme un cheval
qui va faillir fa jument. J'allois éclater de
rire, quand fon inftrument des plus long &
d'une groffeur énorme, qu'il pouffoit &
repouffoit avec une force incroyable, m'en
ôta le pouvoir. J'éprouvai dans ce moment
les fenfations les plus délicieufes. Deux fois

en un quart-d'heure je me fentis arrofée de la liqueur célefte. Que nous ferions heu-reufes, chere Eulalie, fi tous les hommes qui ont des goûts fantafques, nous dédom-mageoient de nos complaifances par autant de plaifir que l'Abbé a fu m'en procurer! Auffi ai-je bien prié la Briffeau de m'envoyer chercher quand il reviendroit. Je t'en fou-haite autant à Bordeaux. Donne-moi fouvent de tes nouvelles.

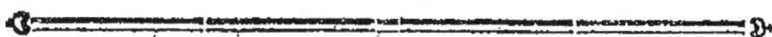

Ce Samedi 25 Mai 1782.

IL eft arrivé chez la *Lebrun* une bonne aventure. Un Monfieur très-brillant & en équipage y vient; il demande une grande femme blonde. Auffitôt on envoye chercher la Reneffon. Elle fe rend en toute diligence, mais juge quelle dut être fa furprife quand elle reconnut fon entreteneur, avec qui elle vivoit depuis un mois. Elle ne fe déconcerta cependant pas pour cela, car prenant fur le champ un ton de jaloufie, elle l'accabla de

reproches & lui dit qu'ayant foupçonné fes
infidélités, elle l'avoit fait fuivre ; qu'inftruite
par fes émiffaires de l'endroit où il étoit,
elle s'étoit empreffée de venir l'y furprendre.
Après s'être exhalé en longues plaintes de ce
qu'elle avoit pris de l'attachement pour un
homme qui ne le méritoit pas, elle fortit
en lui défendant de remettre le pied chez
elle. Il lui a répondu qu'il fuivroit fes ordres.

La *Lebrun* a été défolée de cette aventure,
& pour éviter pareille chofe à l'avenir, elle
va faire percer une lucarne, de maniere que
les demoifelles pourront voir les perfonnes
qu'on leur deftinent fans en être vues. Ton
amie.

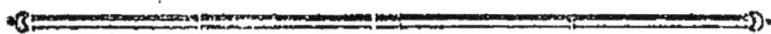

Ce Mercredi 29 Mai 1782.

A H ! ma chere amie, que les hommes font
trompeurs ! Tu connois ce D *** que j'ai pour
amant (1) depuis deux ans, & qui eft caufe

(1) Il eft d'ufage chez ces filles d'avoir chacune
un ami particulier qu'elles appellent leur amant;

que j'ai refufé plufieurs entreteneurs, &
me fuis bornée à faire des parties ; hé bien,
je revenois hier de chez ma couturiere, lorfqu'en remontant à mon appartement, j'y
entendis quelque rumeur. Curieufe de favoir
ce que ce pouvoit être, je regardai par le
trou de la ferrure. Dieu ! qu'ai-je vu ? l'infâme
D * * * prêt à jouir de ma femme de chambre,
qui, la gorge découverte & à demi renverfée
fur mon canapé, fe défendoit fi gauchement,
qu'il étoit aifé de voir que ce n'étoit que pour
mettre un plus haut prix à fa défaite. Je fis
du bruit à la porte qui leur fit lâcher prife,
& j'entrai fans dire un mot de ce que je
venois de voir. L'après-dîné ma femme de
chambre étant fortie fans ma permiffion, j'ai
pris ce prétexte pour la renvoyer. Quant à

c'eft le plus fouvent leur coëffeur ou quelque
laquais. Celles qui donnent dans une claffe en
apparence au-deffus, ont un de ces élégans fans
afyle qui ne fe foutiennent que par leurs efcro-
queries en tout genre, fur lefquels les magiftrats
veillent fans ceffe, & dont il n'y a pas de mois
que la Police n'en envoye quelques-uns à
Bifsêtre.

D***, je verrai à le congédier dès que j'en trouverai l'occafion, fi toutefois j'en ai la force, car tu fais combien je l'aime. Ne t'attaches à perfonne, ma chere amie, fi tu veux faire fortune, & ne fuis pas l'exemple de ta malheureufe amie.

Ce Jeudi 30 Mai 1782.

A PEINE la lettre que je t'ai écrite hier étoit-elle partie pour la pofte que Rofette eft venu me voir & me conter fa malheureufe aventure avec le Chevalier de P.... qui l'entretient depuis un mois ; il lui a donné une galanterie (1). Amour ! ô toi dont les plaifirs devroient faire partie du vrai bonheur en ce monde, comment n'as-tu pu garantir les plus zélés obfervateurs de ton culte d'un poifon qu'ils ne puifent qu'aux

(1) Nom que l'on donne aux maladies caufées par l'amoureufe jouiffance. Il eft étonnant qu'on fe ferve de ce mot, car rien n'eft affurément moins galant que ces fortes de maladies.

pieds de tes autels ? Ce qu'il y a de plus malheureux pour la pauvre Rofette, c'eft que le Chevalier ne veut pas convenir de fes torts, & qu'il prétend que c'eft elle qui l'a trompé. En conféquence il l'a quitté en lui donnant dix louis pour fe faire guérir. Elle me charge de te demander fi tu crois qu'elle puiffe faire quelque chofe à Bordeaux. Si tu lui confeille d'y venir, dès qu'elle fera guérie, elle vendra fes meubles & ira t'y rejoindre. Réponds-moi le plutôt poffible. Ton amie.

P. S. J'oubliois de te mander que j'ai pris ton ancienne femme de chambre qui n'étoit pas encore placée. Elle paroît charmée d'être à mon fervice, & j'efpere que j'en ferai contente.

Ce Mercredi, 5 Juin 1782.

J'AI fait ces jours derniers une partie au Bois de Boulogne (1) où la Duverger étoit.

(1) Bois à une lieue de Paris. Il eft entouré de mur. Les Suiffes des portes font Traiteurs &

J'ai bien juré, ma chere amie, que je n'irai plus nulle part où elle fera. Elle s'eft grifée & a fait mille horreur. Comme fon grand plaifir eft de battre, elle a voulu battre les meflieurs qui étoient avec nous. Ils en ont ri d'abord ; mais voyant qu'elle frappoit trop fort, ils l'ont prié de ceffer, en lui difant que fi elle ne finiffoit, ils lui donneroient le fouet. Mais bien loin de les écouter, elle a recommencé de plus belle. Alors ces Meflieurs lui tenant parole la fouetterent d'importance. Elle nous appelloit à fon fecours, mais nous nous fommes gardé d'y courir, car le même fort étoit réfervé à celle de nous qui auroit tenté de la défendre. Tandis qu'on la claquoit elle faifoit des juremens affreux, nous appel- loit des Bougreffes, & nous accabloit de mille autres fottifes. Enfin ces Meflieurs l'ayant laiffé, elle s'eft emparée des affiettes & de tout ce qu'elle trouvoit fous fa main

Marchands de vin. Il fe fait beaucoup de parties de demoifelles chez eux. On trouve dans ce bois plufieurs jeux de bague.

qu'elle faifoit voler par la chambre ; en un mot, c'étoit une furie déchaînée. On s'eft enfin jetté fur elle pour l'arrêter. Nous profitâmes de ce moment, le Monfieur avec lequel j'étois venue & moi, pour nous efquiver dans le bois. Nous l'y avons vu venir quelques momens après tout échevelée, fa polonoife en lambeaux, elle avoit l'air d'une vraie bacchante. Nous nous fommes caché de crainte qu'elle ne nous voye. Tu m'avois fouvent parlé de cette Duverger comme d'une dévergondée, j'avois peine à croire qu'elle le fût autant. Rofette attend avec impatience ta réponfe à fon fujet; elle s'eft mife entre les mains d'Algironi (1). Ton amie pour la vie. Réponds-moi promptement.

(1) Cet Algironi eft un de ces empiriques qui, à la faveur de différens fpécifiques approuvés de la Faculté de médecine, tuent plus de monde à Paris qu'ils n'en guériffent. Il entreprend furtout les maladies vénériennes, & ne manque jamais de rejetter les accidens qui peuvent réfulter de l'ufage de fes drogues fur le mauvais régime ou l'incontinence du malade.

Ce Lundi

Ce Lundi 8 Juin 1782.

L'ABBÉ Chatar (1), ma chere amie, doit
me préfenter à un vieux Financier qui cherche
une maîtreſſe. Si je pouvois lui plaire, je
quitterois D*** & entrerois dans le chemin
de la fortune. Quand l'entrevue ſera faite,
je t'en donnerai des nouvelles.

J'ai vu hier ſur le Boulevard (2) une

(1) Cet Abbé, quoique pourvu d'aſſez bons béné-
fices, ſe mêle encore de procurer des maîtreſſes,
& vous fait faire chez lui des foupers avec telle
fille de Paris que vous défirez. Il eſt fans ceſſe
l'agent des jolies demoiſelles. Anciennement il
n'étoit que le Bonneau du Marquis de Genlis;
mais il l'eſt maintenant du Public.

(2) Depuis Pâques juſqu'au mois d'Octobre, on
va ſe promener en voiture ſur le Boulevard. Les
demoiſelles y étalent leurs graces pour tâcher d'y
faire des conquêtes. Les hommes font à pied dans
le milieu, & vont caufer aux portieres des voitures des dames de leur connoiſſance. Il y a ordinairement les jours d'uſage d'y aller, c'eſt-à-
dire, les Dimanches, Fêtes & Jeudi, quatre
rangées de voitures, deux de chaque côté, dont

B

nouvelle débutante (1) nommée Felmé ; elle
eft d'une beauté éblouiffante. Tu dois juger
qu'il faut que cela foit , car nous autres
femmes , foit foibleffe , foit malignité , nous
cherchons toujours à déprifer celles à qui la
nature a donné des avantages qu'elle nous a
refufé. Elle avait avec elle une efpèce de
tante ou de mere. Le Marquis de Genlis la
lorgnoit furieufement. Il feroit dommage
qu'un roué de fon efpece eût les premices
d'une auffi jolie fille. Il ne pourroit pas lui
faire fa fortune , car il eft ruiné depuis qu'on
a aboli fon tripot (2). Adieu. J'attends de
tes nouvelles avec impatience.

l'une va & l'autre eft arrêtée. Ils vont d'un côté
depuis la porte St. Martin jufqu'à la demi-lune,
& reviennent enfuite de l'autre. Sur les côtés du
Boulevard, il y a des chaifes à louer pour ceux
qui veulent fe repofer.

(1) On appelle ainfi les demoifelles qui n'ont
pas encore été entretenues , & qui fe font voir
en Public pour la premiere fois.

(2) Le Marquis de Genlis a tenu pendant plus
de deux ans une maifon de jeu. Il y avoit trente-
un & biribi. C'étoit Hazon , fripon avéré, que la

Ce Lundi 10 Juin 1782.

L'ENTREVUE avec mon vieux Finan-
cier ne m'a pas réuffi. Il ne m'a pas trouvé
de fon goût. Il y a des hommes finguliers en

Police auroit dû envoyer à Bicêtre pour le refte
de fes jours, qui tenoit la banque. Le Marquis de
Genlis y étoit intéreffé, puifque cela défrayoit fa
maifon, où tout le monde ; pourvu qu'on eût de
l'argent, étoit admis ; & afin d'attirer des cha-
lands, il avoit des filles à fes foupers. Les demoifelles Juftine, Rofiere, Grandval, Fourcy &
Violette y étoient de fondation. Cela ne doit
pas du tout étonner, car le Chevalier de Zeno,
Ambaffadeur de la république de Venife, avoit un
tripot pareil. Différentes perfonnes, telles que le
Comte de Genlis, Madame de Selle, la Préfidente
Champeron ; la Comteffe d'Aunois, en tenoient
auffi dans le même tems, avec cette différence que
les filles n'y étoient pas admifes. Enfin cette
fureur étoit portée au point que les Envoyés de
Pruffe, d'Heffe-Caffel & de Suede, avoient auffi
des tripots chez eux. Mais Louis XVI a aboli ces
lieux abominables en 1781, au mois de Mars,
d'après le compte que le Magiftrat chargé de la
police lui a rendu des défordres qu'ils occafion-
noient.

tout genre ! Il faudroit, je crois, que la nâ=
ture formât tout exprès des femmes pour
eux. Ils trouvent l'une trop grande, l'autre
trop petite ; il faudroit qu'elle fût brune
quand elle eſt blonde ; les yeux ne font pas
aſſez langoureux, la bouche eſt trop grande,
le pied n'eſt pas aſſez mignon, &c. &c.
Ah ! qu'une fille eſt malheureuſe, ma chere
amie, d'être ainſi fujette aux caprices de ces
Meſſieurs !

Tu ſçais que la Raucours, (1) Aĉtrice de
la Comédie françoiſe, eſt une fameuſe tribade.
Hé bien, apprends qu'elle eſt maintenant
Auteur dramatique. On a donné le premier
Mars dernier une piece de ſa compoſition
qui a pour titre, *Henriette*. Voici une chanſon
qui a été faite à cette occaſion.

Air : *Mon pere étoit pot*, &c.

Au théâtre on vient d'annoncer
Une piece nouvelle,

(1) On aſſure que Louis XV lui ayant vu jouer
le rôle de Didon, dans lequel elle excelloit, en
eut envie, & que Madame la Comteſſe du Barry
lui procura un téte-à-tête avec elle.

Qui doit peu nous intéreffer,
C'eft d'un auteur femelle :
C'eft un hiftrion,
Las du cotillon,
Qui prend un nouvel être ;
Son cœur eft ufé,
Son goût eft blafé,
Son efprit vient de naître.

Il eft connu par fes exploits
Plus que par fes ouvrages ;
Jamais le travail de fes doigts
N'eut droit à nos fuffrages.
Mais ce nouveau né,
D'un talent borné ,
Surprendra s'il ne touche ;
Car l'auteur Raucours
Travaille toujours,
Mais jamais il n'accouche.

Je tâcherai d'aller voir cette piece dès
que je le pourrai , fi on la joue encore.

D'après ce que tu me marque , Rofette

B 3

n'ira pas à Bordeaux. Il paroît que la guerre nous fait du tort partout. Puiſſe donc la paix ſe faire bientôt ! c'eſt le vœu que je ne ceſſe de former , ainſi que celui que tu ſois tou- jours en bonne ſanté. Ta ſincere amie.

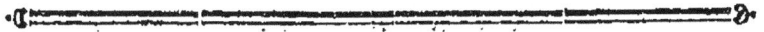

Ce Jeudi 13 Juin 1782.

Je ne puis , ma chere amie , m'empêcher de te faire le récit d'une aventure qui vient de m'arriver , & que tu liras avec plaiſir. La Comteſſe (1) m'a envoyé chercher hier pour ſouper avec un Baron Allemand. Que ces gens ſont ruſtres & groſſiers ! Je ne crois pas qu'ils aient jamais connu l'amour ; ou ſi ce petit dieu a jamais fait quelques voyages en Allemagne , les Graces , qui l'accom- pagnent ordinairement partout & font ſes dames d'atours , effrayées ſans doute de la

(1) Madame Gourdan, à qui Louis XV a donné le ſurnom de *Comteſſe*. C'eſt la premiere Maque- relle de Paris ; elle a la pratique des grands Sei- gneurs & des étrangers.

rufticité des habitans de ce pays , l'auront abandonné aux frontieres , & avec la légéreté qui leur eft propre , comptant bien fur fon prochain retour , feront venu l'attendre en France. Ce qu'il y a de fûr , c'eft que ces lourds Seigneurs n'en ont pas la moindre idée. Que penfer donc des gens du bas étage ? Paffe - moi , je te prie , cette petite digreffion , que j'aurois peut-être mieux fait de t'épargner. Je reviens , comme l'on dit , à mes moutons.

Figure - toi , ma chere amie , que dès que cet original me vit entrer , il débuta ainfi , parlant à la Comteffe : " Je fuis grantement ,, beaucoup content de fon figoure , l'y fera- ,, t-elle complefante à moi ? ,, Je n'ai pu m'empêcher de rire de fa maniere de parler. S'imaginant fans doute que c'étoit du plaifir que je me figurois d'avoir avec lui , il dit : ,, Petit mamzelle être content de ce que moi ,, prend elle. Ah ! le petit fripone , l'y affre ,, vi tout te fuite que moi être un pon la ,, diable. Laiffe - nous , Matame ". A ces

mots la Comtesse se retira & nous laissa seuls.
La porte étoit à peine fermée que mon
Baron, se précipitant sur moi, m'accabla du
poids énorme de son corps , & sans autre
préambule, sans dire un seul mot, me mit à
même de gagner son argent. Après s'être
ainsi brutalement satisfait, il m'a tracassé,
manié, retourné jusqu'au moment où l'on est
venu dire que le souper étoit servi, ce qui,
comme tu te l'imagines bien, m'a causé un
double plaisir ; car je commençois à m'impa-
tienter furieusement de toutes ses manieres.
Pendant tout le tems que nous avons été à
table, notre Allemand n'a ouvert la bouche
que pour dire , après avoir pris de chaque
plat le premier : " Prends le petit mamzelle ".
(car il ne servoit personne) De tems en
tems il disoit : " Vous l'y affre fait grante-
„ ment plaisir à mon personne. Moi reve-
„ nir, & demandé toujours vous ". Enfin
il a tant mangé & tant bu, qu'on a été
obligé de le porter dans sa voiture.

Quels sots personnages que les Barons

Allemands ! Nulles graces , nulle politeffe.
Je ne t'en fouhaite pas, ma chere Eulalie,
ils payent mal & ne donnent aucun agrément. Vivent les François pour le plaifir , &
les Anglois pour l'argent ! Adieu. Ta dévouée.

Ce Mardi 18 Juin 1782, à dix heures du foir.

Voici la copie d'une lettre que j'ai reçue
ee matin.

" J'ai eu , Mademoifelle , le plaifir de
,, vous voir chez Nicolet ; je me fuis in-
,, formé qui vous étiez , on m'a affuré
,, que vous aviez le cœur tendre. En con-
,, féquence je vous ai fait fuivre par un
,, favoyard pour avoir votre adreffe. Il a bien
,, exécuté ma commiffion ; c'eft ce qui me
,, procure la plaifir de vous écrire. Je vous
,, dirai donc tout franchement que je vous
,, aime beaucoup , mais beaucoup ; que je
,, meurs d'envie de mourir dans vos bras.
,, Mais je ne fuis pas riche , & je ne puis

„ vous offrir grand'chofe, quoique vous foyez
„ impayable. Mais fi vous voulez m'accorder
„ un entretien particulier d'une heure , je
„ vous offre quatre louis , qui font tout ce
„ dont je puis difpofer. Si cela vous con-
„ vient , mettez *oui* fur une carte , & don-
„ nez - là au porteur , je vole auffitôt dans
„ vos bras ".

Je n'ai pu m'empêcher de rire de cette
lettre. J'ai pris une carte fur laquelle j'ai mis
oui & la lui ai envoyée. Au bout d'un quart-
d'heure eft arrivé un franc campagnard for-
tant du fond de fa province , & parfaite-
ment reffemblant au Baron de Pourceaugnac.
Son début a été de me donner fes quatre
louis & de me fauter au cou, & fans autre
cérémonie il m'a jetté fur ma bergere & s'eft
payé amplement ; càr il n'a quitté prife
qu'après fept affauts. Prenant enfuite fon
chapeau & fa canne, il a gagné la porte &
s'eft efquivé fans rien dire. Il paroît qu'il
eft fort pour le *phyfique* de l'amour. Adieu :

je vais me coucher. Ce provincial m'a fati-
gué par fes manieres, qui cependant ont leur
mérite.

―――――――――――――――――――――――

Ce Vendredi 21 Juin 1782.

L E S exploits continus de M. de là Fayette
font ici le fujet de toutes les converfations.
Parmi les différens morceaux de poéfie qui
circulent à fa louange, on remarque celui-ci
dont un jeune Abbé m'a donné copie.

Le vertueux vainqueur d'Annibal & Carthage
Autrefois mérita le furnom d'Africain ;
Le brave la Fayette, aufli grand aufli fage,
D'un peuple ami reçoit celui d'Américain.
Pourfuis, jeune héros, Scipion à ton âge
Vainquit jufqu'à l'envie : elle fe tait pour toi.
De nos fiers ennemis tu mérite l'hommage,
Le refpect des François & l'amour de ton Roi.

Je voudrois, chere Eulalie, qu'il fît de fi
belles actions, qu'il battît tant les Anglois,
que ces derniers fuffent enfin contraints à

demander la paix ; car la guerre nous ruine entierement.

Il fait ici des chaleurs exceffives. Je regrette bien qu'il ne foit plus poffible de paffer une partie de la nuit au Palais royal. Tu fais qu'avant que la grande & belle allée du jardin de ce Palais fût abattue, on s'y promenoit l'été jufqu'à deux heures du matin. Il s'y donnoit même quelquefois des concerts. Nous pouvions y aller chercher fortune &, à la faveur des ténebres, rendre de petits fervices aux vieux paillards qui s'y trouvoient à ce deffein. Il n'eft plus rien de tout cela, ma chere, le Duc de Chartres vient de nous enlever cette reffource, & au Public cet agrément. Le tout, dit-on, par avarice! A-t-il donc tant befoin d'argent? n'en a-t-il pas affez? mais il femble que plus on en a, plus on veut en avoir.

Les demoifelles qui ont été l'année paffée à Spa s'en font fi mal trouvées, que pas une ni va cette année, tant on en eft dégoûté.

Les joueurs qui y font ne s'occupent que des cartes, les malades ne penfent qu'à leur fanté ; de plus, les femmes honnêtes, qui fouvent dérogent à leur qualité, y abondent & s'emparent du peu d'étrangers qui veulent s'adonner à l'amour. Adieu, chere amie ; il y a long - tems que je n'ai reçu de tes nouvelles.

Ce Samedi 22 Juin 1782.

Ah ! ma chere amie, que je fuis à plaindre. D * *, mon amoureux, a eu une lettre d'exil de la police, à caufe qu'il s'étoit avifé de filouter un jeune provincial ; le coquin, avant de partir, m'a pris une montre & autres bijoux, & eft allé les mettre en gage au Mont-de-Piété. Il m'a laiffé, par bonheur, les reconnoiffances : en même tems il y avoit joint une lettre pour excufer fon vol : en me difant, qu'il n'avoit pas le fol pour faire fon voyage, & m'affurant qu'il m'enverroit une lettre de change dès qu'il feroit

arrivé chez lui. Juge fi je dois le croire :
c'eſt un gaſcon, comme tu ſçais. Ah ! je
jure bien de n'avoir plus d'amoureux. Il
m'a fait bien du tort. Que je te ſerve d'exemple , chere amie , & que mon malheur
t'inſtruiſe. Adieu ; je ſuis au déſeſpoir.

Ce Lundi 1 Juillet 1782.

J'AI été quelques jours ſans t'écrire , ayant
été fort occupée avec un jeune homme qui
débute dans le monde, & que j'ai attiré dans
mes filets. Non-ſeulement il m'a retiré mes
bijoux , mais encore , je lui ai accroché
quinze louis, en faiſant venir , à l'heure qu'il
étoit chez moi, un ami de mon laquais, comme
un huiſſier , qui avoit un Billet de moi, &
pour lequel il venoit faiſir mes meubles à défaut de payement. Il m'en a coûté un louis
pour cela & quelques larmes, car j'en ai verſé
en feignant le déſeſpoir, lorſque le prétendu
huiſſier a voulu faiſir. D'abord j'ai dit que
j'allois envoyer en gage mes effets pour payer,

que je ne voulois pas qu'il fe gênât pour moi.
Plus je faifois de difficulté de recevoir les
quinze louis , plus il me preffoit. Alors,
voyant que je refufois toujours , il s'adreffa
à l'huiffier , lui donna l'argent & déchira
le billet. Il m'a auffi donné plufieurs robes
& quantité de chiffons (1) ; je n'ai pas befoin de lui demander , mais feulement de
défirer. Je ne fçais pas encore trop fon nom.
C'eft un jeune homme de qualité , à ce que
je crois ; il vient toujours *incognito*. Mais
qu'il continue ainfi tant qu'il voudra , pourvu
qu'il finance , c'eft le point capital. Il eft
affez vigoureux ; il m'a affuré que je fuis la
premiere femme galante qu'il voit ; il dit que
c'eft une femme de chambre de fa mere (qui
eft fortie de la maifon) qui a eu fon pucelage
il y a trois mois. Adieu, mon cœur, porte-
toi bien.

(1) On appelle ainfi les Bonnets, les Rubans,
& tout ce qui vient de chez les Marchandes de
Modes.

Ce Mercredi 3 Juillot 1782.

JAI été dîner hier chez Rofette, qui m'y avoit invitée. En arrivant elle a débuté par me demander fi je voulois gagner cinq louis. Je lui ai répondu que cela ne fe refufoit pas. Hé bien, m'a-t-elle dit, voilà le fait.

Il y a quelques jours qu'un vieux fquélette, affublé d'une immenfe perruque, m'a accofté chez Nicolet, en me difant : ma reine, vous êtes bien jolie, & je m'eftimerois heureux de faire connoiffance avec vous. Je m'en défendis le plus poliment poffible ; mais, perfécutée par fes demandes, je lui ai enfin permis de me venir voir. S'adreffant alors à ma femme de chambre (1), à qui il gliffa fix francs dans la main , il lui demanda mon

(1) Il eft d'ufage qu'une demoifelle à partie ait en promenade fa femme de chambre avec elle. C'eft celle-ci qui donne l'adreffe. Il y en a qui en ont de tout écrites fur des cartes, de peur qu'on ne l'oublie.

adreffe.

adreffe. Il eft venu en effet le lendemain
chez moi & m'a fait mille amitiés ; enfuite
il m'a propofé dix louis, moyennant que je
me prêterois à fon goùt , qu'il m'a dit être
de voir deux femmes nues fe donnant réciproquement du plaifir. Il a ajoûté que furement je devois connoître quelqu'amie qui
ne refuferoit pas de me feconder. J'y ai
confenti & lui ai donné parole pour aujour-
d'hui à quatre heures. J'ai penfé que tu te
prêterois à cette plaifanterie. Très-volontiers,
lui dis-je. La foupe étant fervie , nous nous
mîmes à table.

Notre homme eft arrivé à quatre heures
précifes. Il nous falua toutes deux de l'air
le plus comique , puis , voulant galantifer un
peu , il vint nous ôter nos mouchoirs &
tâter nos tetons. Nous le remerciâmes de fa
courtoifie & achevâmes de nous déshabiller.
Lorfque nous fûmes nües , nous fîmes femblant de nous amufer Rofette & moi ; auffitôt le vieux paillard , déboutonnant fes cu-
lottes , a étalé au grand jour un flafque

C

priape qui reſſembloit à du parchemin pliſſé; enfin, après l'avoir patiné & ſecoué pendant deux heures, tandis qu'il examinoit toutes les parties de nos corps, qu'il couvroit de baiſers, il eſt parvenu à faire une aſſez courte libation. Il a beaucoup vanté la beauté & la blancheur de nos corps, & en nous remerciant de notre complaiſance, il nous a propoſé de recommencer la ſéance dans huitaine. Nous avons accepté, faute de mieux. Adieu, je finis, on m'annonce une pratique (1).

Ce Dimanche 7 Juillet 1782.

JAI été hier à St Denis avec mon petit jeune homme; nous avons dîné au Pavillon royal (2), où nous nous ſommes fort amuſé.

(1) Les demoiſelles en chambre appellent ainſi ceux qui viennent chez elles habituellement une ou deux fois la ſemaine.

(2) Auberge où l'on fait très-bonne chere. Il ſe paſſe peu de jours qu'il ne s'y faſſe des parties.

De là nous avons été au Bois de Boulogne.
Nous en revenions très-fatisfaits l'un de
l'autre, lorſque notre voiture a caffé aux
Champs Elyſées (1). Il n'y a heureuſement
eu perſonne de bleſſé ; mais hélas ! juge du
guignon qui nous pourſuivoit ce jour-là,
dans le moment où l'on étoit empreſſé de
nous tirer de la voiture, la mere de mon
jeune homme a paſſé près de nous dans un
fuperbe caroſſe, avec trois laquais derriere.
Il peut avoir été apperçu des gens de fa
mere ; il craint qu'on n'en parle à l'hôtel
& que cela ne lui faſſe quelques hiſtoires. Je
l'ai raſſuré autant que j'ai pu, en lui con-
ſeillant de nier le fait. Il eſt très-embarraſſé
& moi fort inquiète ; car je ferois fâchée de
le perdre, ſes manieres honnêtes m'attachent
à lui. On a bien raiſon de dire que la vie
eſt pleine de foucis.

(1) Promenade de Paris au bout des Thuileries.
Quand les arbres nouvellement plantés feront
grands, ce fera la plus belle promenade qu'on
puiſſe voir.

On fait ici beaucoup de changement à
la redoute, chinoife (1), qu'on fe propofe de
rendre plus agréable que l'année paffée. Il me
tarde bien que la foire St. Laurent arrive.

J'ai changé de femme de chambre & de
laquais ; ils s'étoient amourachés l'un de
l'autre, & afin de falir moins de draps, ils
couchoient enfemble. Je le leur aurois volontiers paffé, s'ils ne fe fuffent entendu pour
me voler en groffiffant mes mémoires & en
faifant de doubles emplois. Je n'aurois pas
cru cela de Victoire fi on me l'avoit dit, il a
fallu que je le voye pour m'en convaincre. On
eft fouvent bien aveugle fur le compte de
certaines perfonnes, quand on en eft coëffé.
Adieu, ma chere amie.

(1) La redoute chinoife eft une efpece de
Wauxhall qui eft ouvert tout le tems de la foire
St. Laurent. On y danfe, on s'y balance, on y
joue à la bague, au palet & à différens autres
jeux. Il y a un café qui repréfente une grotte. On
y trouve un reftaurateur, chez lequel on peut
avoir de petites chambres particulieres de deux,
quatre & fix perfonnes, à volonté. Il y a auffi
deux Marchandes de Modes.

Ce Lundi 15 Juillet 1782.

JE ne fais fi en travaillant quelquefois à la propagation de notre pauvre efpece, tu as jamais penfé bien férieufement à remplir le premier but de la création ? J'en doute, & je t'avoue franchement que le feul plaifir m'y a toujours porté, fans beaucoup m'embarraffer de l'intention du créateur. Mais un jeune clerc, me badinant l'autre jour fur cet article, me montra des vers fur la création qui m'ont beaucoup amufé. J'ai fait le diable pour en avoir une copie, que je t'envoie.

LA CRÉATION DU MONDE,
Poëme en fept chants.

INTRODUCTION.

DE la création je chante les merveilles.
Sujet neuf. Ecoutez, ouvrez bien les oreilles.

C 3

Chant I.

Rien n'étoit, les brouillards fe coupoient au
    couteau.
L'Efprit d'un pied divin étoit pofté fur l'eau ;
Il dit : *je n'y vois goute* & créa la lumiere.
Dès-lors nuit & journée,& ce fut la premiere.

Chant II.

Il place au ciel les eaux qui tomberent fou-
    dain ;
Et dès le fecond jour la pluie alla fon train.

Chant III.

Il arrangea la mer en dépit des lacunes.
La terre produifit. Ce jour fut pour des prunes.

Chant IV.

Le foleil auffitôt obéit à fa voix ;
Il difpenfa les jours & régla tous les mois.
Enfin las d'allumer le foleil, fur la brune
Le quatrieme jour il fit luire la lune.

CHANT V.

Bien! très-bien, dit l'Esprit, ce que j'ai fait
    est bon ;
Mais il nous manque encore volatile &
    poisson.
Peuplez-vous terre & mer ; que maître cor-
    beau perche.
Et le cinquieme jour l'Eternel fit la perche,

CHANT VI,

Eh quoi ! les animaux n'auront donc pas de
    loi ?
Non, non, pour les manger, créons un petit
    roi.
Faisons, semblable à nous, ce jeune gentil-
    homme.
Il fit ce souverain. C'est vous, c'est moi, c'est
    l'homme.
Quoi ! l'homme seul ? Eh non. De sa côte il
    lui fit
De quoi le réjouir & le jour & la nuit.

Allez vous faire, allez, leur dit-il, sans
    remise.

Et depuis leurs enfans y vont sans qu'on leur
    dise.

CHANT VII.

C'est ainsi qu'en six jours l'univers fut baclé,
S'enfila de lui - même & se trouva réglé.
Et l'Esprit satisfait , toujours , toujours le
    même ,
Comme dit Beaumarchais , ne fit rien le
    septieme.

Je me suis occupé aujourd'hui toute la
matinée à tâcher de créer avec mon jeune
homme. Nous avons passé plusieurs heures
agréables. On a bien raison de dire , que les
novices , en fait de combats amoureux , font
des héros. Il n'a rien transpiré chez lui de
notre rencontre au petit cours. Il a dit aux
laquais qui l'avoient reconnu , qu'ils s'étoient
trompé , & tout a fini par-là. De jour en
jour je l'aime davantage ; il ne cesse de me
donner. Ce matin il m'a apporté une jolie

bague faite de ſes cheveux : ſon grand mé‑
rite eſt , qu'elle eſt entourée de diamants.
Ah , qu'il ſçait bien ſe conduire avec une
femme ! Heureuſe celle qui l'aura quand il
pourra diſpoſer de ſa fortune ! Adieu.

Ce Samedi 20 Juillet 1782.

J'APPRENS avec bien du plaiſir, ma chere
amie , que tu as pour entreteneur un vieux
Conſeiller au Parlement. Ces Meſſieurs ſont
exigeans , donnent peu de plaiſir ; mais au
moins , on peut les tromper en ſécurité ,
attendu que dans le tems qu'ils ſont au palais
on ne craint pas d'être ſurpris. La ſeule
choſe , c'eſt qu'il faut que tu ayes de la
conduite dans tes infidélités , & de prendre
garde à ta ſanté. Sçais-tu bien que dans le
genre de vie que nous menons il faut une
eſpece de conduite & avoir une tête bien
organiſée ; en même tems ſçavoir nous con‑
trefaire pour paroître toujours gaies , quand
même nous ne le ſerions pas. L'amour craint

la trifteffe & s'envole auffitôt. C'eft affez
moralifer : il faut que je te parle d'une partie
que j'ai faite chez la Comteffe. Nous étions
quatre , deux femmes & deux hommes.
Avant le fouper, on s'eft mit nu , & un des
hommes (car ils favoient jouer tous deux
du violon) jouoit des allemandes & danfoit
avec nous. Quand ce petit manege a eu duré
une heure, un d'eux m'a pris, & me couchant
fur un lit de repos , a tout de fuite pénétré
dans l'antre de Vénus. Mais quel a été mon
étonnement , quand l'autre prenant un martinet a prié ma compagne de le foüetter pendant qu'il goûteroit du plaifir *italien* avec fon
camarade. Quand cela a été fini , celui qui
avoit goûté du plaifir *anti-phyfique* a pris
Rofalie & l'a porté fur le lit de repos pour
facrifier à l'amour felon fon vrai culte. Auffitôt l'autre me remettant le martinet en main
m'a prié de faire comme avoit fait Rofalie ,
& a plongé le même dard, qui fortoit de
l'antre de la volupté, dans un endroit que
la nature ne lui a nullement deftiné. Je t'a-

vouerai que je l'ai fouetté d'une belle maniere ; fon derriere étoit bien arrangé. Après
cette fcene, qui m'avoit amufée dans le com-
mencement & qui a finie par me révolter,
chacun s'eft féparé. Pour moi, j'étois de
fort mauvaife humeur, & j'ai très-mal paffé
la nuit. Mon réveil a été bien différent;
c'étoit mon jeune homme qui m'apportoit
plufieurs robes de taffetas des mieux choifies;
il veut que je les faffe faire tout de fuite.
Tu juges bien que j'y ai confenti. La vie eft
un mélange de chagrin & de plaifir. Adieu,
ma bonne amie, je t'aimerai tant que je
vivrai.

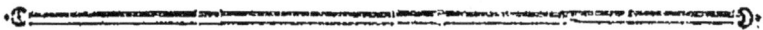

Ce Jeudi 25 Juillet 1782.

JEUDI dernier j'étois allé chez Nicolet ; ma
figure plut à un de ces êtres qui ne font ni
féculier ni abbé, & qu'on peut en toute
affurance appeller animaux amphibies. Mon
gaillard crut que j'étois de ces demoifelles
qui viennent chercher qu'on leur paye à

fouper chez quelques traiteurs des boulevards , pour prix de leurs faveurs. Je riois
en moi-même de fon erreur , & réfolus
de m'en amufer. Après plufieurs quolibets
& un tas de fadeurs , que nous fommes
accoutumé d'entendre, mon amphibie s'offrit
de me donner à fouper. Je lui dis , que je le
voulois bien , pourvu qu'il aille le comman-
der d'avance , afin qu'il fût prêt au fortir du
fpectacle , étant obligée de rentrer avant
onze heures du foir. Il me dit qu'il eft à mes
ordres , & court auffitôt pour aller chez
Bancelin (1). Pendant ce tems-là je fortis du
fpectacle. Je te laiffe à penfer de l'étonnement de mon homme. A fon retour, il
aura été d'autant plus piqué, qu'il m'avoit

(1) C'eft le plus fameux Traiteur du Boulevard,
& chez lequel fe font les plus belles parties. On
y trouve toujours des joueufes de vielles , jeunes
& la plupart affez gentilles , qui viennent vous
chanter pendant le repas des chanfons gaillardes.
Elles favent auffi fe prêter avec complaifance
& rendre , à bon marché, tous les petits fervices
dont un galant homme peut avoir befoin.

donné un bouquet fuperbe, & payé plufieurs rafraîchiffemens. Quand je l'ai conté à mon jeune homme, il en a beaucoup ri & m'a fort approuvé.

Je vais être libre d'ici à quelques tems, mon petit jeune homme allant à la campagne, pendant huit jours, chez une de fes parentes.

Hé! comment menes-tu ton confeiller? Penfe à bien conduire ta barque, & à revenir ici coufue d'or. C'eft ce que te fouhaite ta fincere amie.

━━━━━━━━━━━━━━━━━━

Ce Dimanche 4 Août 1782.

Ma chere amie, je ne reverrai plus mon jeune homme : voici la lettre que j'ai reçue de lui.

„ Ma bonne amie, mon cœur, ma bien-
„ aimée, je ne fçais quel nom vous donner
„ pour exprimer mon amour ; je ne vous
„ reverrai de long-tems. Jugez de la peine
„ que cela me caufe. Le lendemain de notre

» arrivée chez ma parente, ma mere me fit
» appeller le matin. Je me rendis dans sa
» chambre. Ayant auſſitôt fait retirer ſes
» femmes, ma mere parla ainſi : *Monſieur,*
» *je ſais la vie que vous meniez à Paris.*
» *Quoi! ſi jeune, donner dans le liber-*
» *tinage ! Eſt-ce là le fruit de la bonne*
» *éducation que vous avez reçue? Comme*
» *je ne veux pas que vous vous perdiez, j'ai*
» *réſolu de vous faire voyager. M. de * * **
» *a la bonté de vouloir bien vous accom-*
» *pagner ; tenez-vous prêt à partir dans*
» *trois jours.* Enſuite, changeant de con-
» verſation, elle ſonna ſes femmes. Ce diſ-
» cours m'a conſterné. Je m'empreſſe de
» vous écrire afin que vous ne ſoyez pas
» inquiete de ne pas me revoir. Conſervez
» l'amitié que vous m'avez toujours témoi-
» gnée, & croyez que, dès que je ferai de
» retour, je revolerai dans les bras de la
» belle Julie que j'aimerai toujours & dont
» l'image fera fans ceſſe préſente à mon
» eſprit. Acceptez ; le billet de la Caiſſe

,, d'efcompte.(1) que je joins ici comme
,, une foible marque de mon amitié. Votre
,, amant pour la vie. ,,

Ce contre-tems eft affreux pour moi ; je
lui étois réellement attachée & mes affaires
alloient à merveilles. Ne pourrai-je donc
jamais être heureufe ? & ne verrai-je jamais
que l'ombre de la félicité ? Ah ! ma chere
Eulalie, que de traverfes dans la vie ! &
qu'elle eft femée d'épines ! Je t'embraffe.

Ce Samedi 17 Août 1782.

J'AI été, ma chere amie, à l'ouverture de
la redoute chinoife ; elle eft réellement em-
bellie : mais ce qui m'a fait le plus de plaifir,
c'eft que j'ai été remarquée par le Comte
de * * *, qui m'a trouvé fort de fon goût. On
dit qu'il eft brouillé avec fa maîtreffe. S'il
vouloit me prendre, cela feroit une bonne

(1) Ce font des billets payables au porteur,
& qu'on peut toucher tous les jours excepté les
fêtes & dimanches.

affaire pour moi. On le dit peu exigeant &
facile à tromper ; ce font deux grandes qua-
lités, & rares à rencontrer dans la même
perfonne. Au refte, il y avoit beaucoup de
femmes & peu d'hommes à la redoute, &
une quantité confidérable de bourgeois & de
bourgeoifes. Morel & Henriette y étoient
auffi ; comment fe font-elles raccommodées,
après la fcène qu'elles ont eue enfemble ?
Ste. Lucie étoit la plus brillante ; un jeune
provincial la fuivoit & ne la quittoit pas
d'un pas. Il y a eu une contredanfe par
Laurette, Flore, Rofe & Violette. Peixoto (1)
y étoit auffi, apparemment pour chercher
de l'un & l'autre fexe. L'abbé Chatar & fes
affociés y étoient ; mais il n'y a pas de
l'eau à boire pour eux depuis la guerre. La
Groffet y étaloit fes gros appas ufés ; elle
avoit avec elle une jeune fille qui n'étoit pas
mal. C'eft mal fait de s'accoupler avec de fi
jolies femmes, ayant des prétentions. J'allois

____

(1) Banquier de Paris, renommé par fa débauche, fes goûts bifarres & anti-phyfiques.

fortir

fortir , ma chere , quand mon amphibie
de chez Nicolet m'ayant reconnue m'a accofté, en voulant me quereller ; mais j'ai
fait l'étonnée, & j'ai fi bien joué mon rôle,
qu'il a réellement cru s'être trompé & m'a
fait des excufes. Je regrette bien que tu ne
fois pas ici pour m'accompagner ; j'avois
avec moi Reneffon, ce grand fquelette ; fans
vanité , je n'ai pas peur qu'elle m'enleve
perfonne. Adieu , mon cœur.

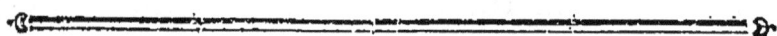

Ce Lundi 26 Aout 1782.

J'AI retourné une feconde fois à la redoute,
& j'y ai encore vu le Comte de *** qui m'a
abordé fort galamment, en me difant qu'il
efpéroit que je lui permettrois de me venir
voir. Tu t'imagines bien que je lui ai répondu
qu'un homme comme lui étoit fûr qu'on
s'emprefferoit de le recevoir. Il m'a demandé
mon adreffe & mon heure pour le lendemain.
Je lui ai dit où je demeurois & l'ai laiffé le
maître de l'heure , l'affurant que la fienne

D

feroit la mienne. Il m'a promis de venir à midi, fi cela ne me gênoit pas. Non furement, M. le Comte, ai-je répliqué en lui lançant un regard tendre. Il eft enfuite parti pour aller fouper au fauxbourg St. Germain. J'ai peu dormi cette nuit, ayant l'efprit fort occupé du Comte, & voulant avoir fait une toilette quand il arriveroit. Cependant je ne voulois rien qui eût l'air d'affectation. J'avois un déshabillé de mouffeline brodée, j'étois coëffée en cheveux, avec une treffe flottante fur mon fein; mon corfet n'étoit point noué, afin qu'il puiffe appercevoir mes deux petits globes, qui fe foutiennent encore fans le fecours de l'art. Je m'étois étendue fur mon fopha & feignois de dormir, afin qu'en entrant, il apperçût ma jambe que j'ai affez belle.

A midi moins un quart j'étois dans cette attitude lorfque le Comte arriva. Je fis femblant de me réveiller en furfaut. Il me fit des excufes d'avoir troublé mon repos. Ses yeux faifoient, en me parlant, la revue de

mes charmes, & ce qu'il en découvroit
paroiſſoit lui faire naître l'envie de connoître
les autres. Après s'être amuſé un moment
de cette inſpection fans dire un feul mot, il
s'écria tout à coup : ah ! Julie, que vous êtes
charmante ! Si vous vouliez m'être fidelle &
vivre avec moi, je ferois le plus heureux des
hommes. Mais, lui ai-je répondu, M. le
Comte, il faut un peu nous connoître &
favoir ſi nos caracteres fympatiſent enſemble.
Je ferois très-flattée de vivre fous les loix
d'un Sultan tel que vous. Non, me dit-il,
ce fera moi qui vivrai fous vos loix. Vous
êtes trop galant, dis-je alors. Il fe jeta
auſſitôt à mes genoux, me preſſa, me con-
jura avec tant de douceur & d'inſtances de
lui accorder mes faveurs, que mon cœur
fenfible ne pouvant y réſiſter, il devint heureux ; &, ce qu'il y a de mieux encore, c'eſt
que je partageai réellement fon ivreſſe & ſes
plaiſirs, ce qui, comme tu fais, nous arrive
rarement. Si tu l'avois vu, ma chere Eulalie,
après ces délicieux momens, il ne fe poſſé-

doit plus, il couvroit toutes les parties de
mon corps de fes baifers, me donnoit les
noms les plus tendres & m'affuroit qu'il
n'avoit goûté de fa vie un auffi grand plaifir.
Revenu du délire amoureux dans lequel il
étoit tombé, il me dit qu'il étoit entierement réfolu de vivre avec moi ; que fes
affaires l'appelloient à la cour pour quelques
jours, & qu'à fon retour je ferois auffi contente de lui qu'il l'avoit été de moi. Enfuite
me donnant mille baifers, & m'appellant fa
maîtreffe, il prit congé de moi en mettant
fur ma cheminée un rouleau de trente louis.
Quoique je n'euffe jufqu'alors qu'à me louer
des procédés du Comte envers moi, je t'a-
vouerai que ce dernier trait me flatta infi-
niment & mit le comble à ma joie. Je ne
doute pas que tu ne la partage, étant mon
amie. Adieu, je te fouhaite pareille aubaine.

P. S. Tu ne me dis rien de ton Confeiller ;
je ferois pourtant charmée de favoir fi vous
êtes toujours bien enfemble.

Ce Mercredi 28 Aout 1782.

Qu'il me tarde, chere amie, que le Comte
foit de retour! Les jours font pour moi des
années. Je crains toujours que quelqu'un ne
me le raviffe. Ah! que je voudrois déja lui
appartenir & être fa maîtreffe déclarée!

J'étois hier d'un petit fouper bourgeois
chez un de mes voifins, où je me fuis bien
amufé. Chaque convive (nous étions douze
à table) pétilla d'efprit au deffert. Après
avoir chanté chacun la fienne, le fils de la
maifon, âgé de 16 à 17 ans, nous propofa
des énigmes à deviner. Entre celles fur lefquelles on s'exerça long-tems fans en attra-
per le fens, en voici une qui m'a paru jolie
& dont je te dirai le mot à ma premiere
lettre. Tâche de le deviner, fi tu peux;
tu feras plus habile que nous, fi tu y parviens.

De Thémire innocente encore
Je tourmente les quinze ans ;

Souvent je devance l'aurore
De la raifon & des fens.
J'excite une aimable tempête,
En cherchant à voir le jour ;
Dans ma prifon rien ne m'arrête,
J'ai pour eole l'amour.
Pour remplir un tendre meffage
Je fais tromper les jaloux,
Et quelquefois, à la plus fage,
J'ai fervi de billet doux.

Je vais ce foir chez Audinot pour promener mon ennui & voir fi je trouverai
quelqu'un qui me faffe fupporter l'abfence
du Comte. Comme nos arrangemens ne font
pas encore faits, il ne peut pas exiger que
je lui fois fidelle. Adieu. Porte-toi toujours
bien.

Ce Jeudi 29 Aout 1782.

Il n'y avoit perfonne, hier chez Audinot ;
j'ai été aux Variétés, où *Volanges* attire tout

Paris. La falle étoit pleine. Mais une jolie femme trouve toujours place. Un jeune homme m'a fort honnêtement offert la fienne, je l'ai accepté en le remerciant de mon mieux, ce qui a lié une converfation entre nous. De là ce diable de Dragon (1) eft venu nous étourdir en criant des rafraîchiffemens. Le jeune homme m'a forcé de prendre des glaces ; comme il fait très-chaud, je m'en fuis affez bien trouvée. Quand le fpectacle a fini il m'a donné la main & m'a reconduite. Arrivée à ma porte, il m'a dit qu'il efpéroit que je voudrois bien lui permettre de me faire fa cour une autrefois, qu'il avoit des affaires importantes qui l'empêchoient de refter, & auffitôt il m'a quitté. Je n'en ai pas été fâchée, car je craignois de me trouver tête à tête avec lui. Il eft bien fait & d'une jolie figure. Je crois qu'il lui eût été facile de m'amener à fes fins,

(1) Ce garçon cafetier a la voix très-perçante, & a des expreffions uniques pour fes bombons, comme : bombons aux foupirs étouffés, au retour des amans, &c. &c.

mon cœur plaidoit déja très-haut en fa
faveur & m'avoit à moitié vaincue. Adieu,
ma chere amie. A propos, j'oubliois de te
dir le mot de l'énigme que je t'ai envoyée;
c'eſt *Soupir.*

Ce Samedi 31 Aout 1782.

CE matin vers les onze heures , je venais à
peine de me lever, qu'on vint me dire qu'un
jeune homme demandoit à me parler. Auſſitôt je le fais paſſer dans mon fallon. Figure-
toi que c'étoit mon galant des Variétés.
Je le reçus avec dignité , en lui diſant, que
je ne m'attendois pas à ſa viſite ; que j'avois
les plus grands ménagemens à prendre. Lui
auſſitôt me fit les plus grandes excuſes, me
diſant , que je devois pardonner ſa démar-
che , puiſque l'amour en étoit cauſe, étant
choſe impoſſible de me voir ſans m'aimer.
Je me radoucis, & tu ſais que mon cœur
plaidoit pour lui. Je lui offris de s'aſſeoir;
il l'accepta. A peine pouvoit-il parler ; il

n'étoit occupé qu'à me confidérer en foupirant. Après une vifite d'une heure , dont
le langage , muet en grande partie , me fit
le plus grand plaifir , il prit congé de moi, en
me demandant fi je ne trouverois pas mauvais qu'il revînt après-demain fur les quatre
heures. Je lui dis que je ne fçavois fi j'y ferois ; mais que fi j'y étois, je le recevrois avec
plaifir. J'ai envie , ma chere amie , de lui
accrocher vingt - cinq louis ; c'eft un jeune
homme très - riche , & puis je ne ferois
pas fâchée de paffer le caprice que j'ai pour
lui. Je vais rêver au moyen que j'emploierai ;
je te le manderai, s'il réuffit. Je t'embraffe ,
Adieu.

Ce Mardi 3 Septembre 1782.

Ah ! ma chere amie , mon ftratagême a
réuffi à merveille. Mon homme eft arrivé à 4
heures précifes : ma femme de chambre lui a
dit que je ne pouvois voir perfonne, ayant
bien du chagrin. Eh ! de quoi ? s'eft - il écrié.

Monſieur, je ne puis vous le dire, a-t-elle
répondu : ſi ma maîtreſſe le ſavoit, elle me
gronderoit. Dites-le moi, je vous prie ;
elle n'en ſaura rien, a-t-il repliqué ; & en
même tems il lui a donné des marques de ſa
généroſité. Monſieur, vous avez bien de
la bonté, je vous remercie. Comment voulez vous qu'on vous réſiſte, vous êtes ſi
honnête, cela eſt impoſſible ; mais au moins
vous me promettez bien le ſecret. Je vous le
jure ; mais dites vîte. Allons, je vais vous le
dire, mais penſez à ce que vous m'avez
promis. Voici le fait. Il y a quelque tems que
Madame a faite une lettre de change, on eſt
venu la lui préſenter pour payer ; elle n'a pas
le ſou, & on menace de la faire arrêter : par
malheur, la perſonne qui l'entretient eſt
abſente pour quelques jours ; & en outre,
ma maîtreſſe ſeroit déſeſpérée qu'elle le ſçût,
cela pourroit les brouiller enſemble. Enfin
Madame eſt bien embarraſſée.

N'eſt-ce que cela ? a-t-il dit, c'eſt facile
à arranger. La ſomme eſt-elle bien forte ?

De vingt-cinq louis, Monſieur. Eh bien, je vais les donner à votre maîtreſſe. Gardez vous en bien, Monſieur, elle ne voudroit jamais les accepter ; mais ſi vous voulez me remettre l'argent & repaſſer dans une heure, j'irai chercher la lettre de change, & vous pourrez la lui remettre. Vous avez raiſon. Soit. Tenez, dit-il, voilà l'argent, je reviens auſſitôt. Quant à ma femme de chambre, elle n'a eu beſoin que de monter à ſa chambre, & prendre dans un tiroir de ſa commode une lettre de change factice pour la lui préſenter. Une heure après, notre homme eſt revenu. J'étois ſur mon ſopha, appuyée ſur une de mes mains, & j'affectois une triſteſſe profonde. On me l'annonce & il entre à l'inſtant. Je ne ſais comment vous me ſurprenez ainſi, lui dis-je avec un ton d'humeur ; j'avois ordonné que ma porte fût fermée pour tout le monde. J'ai la migraine & ſuis d'une triſteſſe in-croyable. Dans cette poſition déſagréable, je ne puis ſurement que vous ennuyer beaucoup. Votre procédé n'eft pas raifonnable, Mademoifelle, répondit-il galamment. S'enfermer parce que l'on eft trifte ! C'eft le moment où le cœur a le plus befoin de diftraction & des confolations de l'amitié. Je ne me flatte pas de pouvoir vous rendre toute votre gaieté, mais, tenez, lifez ces vers, me dit-il en me donnant la prétendue lettre de change acquittée, je ferai content fi cette lecture peut faire quelque diverfion à vos chagrins. Dans l'excès de ma joie, je feignis de m'évanouir. Il me prit auffitôt dans fes bras & m'accabla de careffes. Ayant eu l'air de revenir à moi, je lui lançai un coup d'œil tendre en lui difant : que vous favez bien connoître mon foible & en profiter pour vous faire aimer ! C'en fut affez ; il fe précipite auffitôt dans mes bras & devint mon vainqueur. Hélas ! je te l'avouerai, ma défaite m'étoit chere, & je la fouhaitois autant qu'il la defiroit. Nous paffâmes l'après-dîner dans des délices continuelles. De là nous fûmes fouper au Bois

de Boulogne , où nous reftâmes jufqu'à deux
heures du matin , que nous revinmes paffer
chez moi le refte de la nuit comme nous
avions fait l'après-dîné. Il y a trois heures qu'il
m'a quitté. Je fuis fi contente de lui que je
ferai mon poffible pour le conferver quoique
j'aie le Comte. Je lui en ai parlé , cela ne
l'a pas réfroidi ; il m'a promis , au contraire ,
d'être très - circonfpect & de fe conduire
avec moi de maniere à ne me caufer aucun
défagrément. Je me fouviendrai long - tems
du jour où j'en ai fait la connoiffance. Qu'il
eft aimable ! Si tu le voyois , ma chere
Eulalie , tu en ferois folle. Adieu ; je fuis la
plus heureufe des femmes.

Ce Dimanche 8 Septembre 1782.

J E devois aller hier à St. Cloud (1) , c'étoit
la Fête ; mais il a fait un tems fi abominable ,

(1) C'eft un bourg , à deux lieues de Paris , fur
la Seine. M. le Duc d'Orléans y a un fuperbe château ; le parc eft magnifique , les eaux en font

qu'il étoit impoſſible de ſortir. Cela a dû
faire beaucoup de tort à Griel (1). J'irai
aujourd'hui à l'Opéra , & de là aux Thuileries , où je dois trouver mon amant ſur la
terraſſe des Feuillans Nous devons enſuite
ſouper enſemble chez le Bœuf (2) ; car je
crains que le Comte que j'attens de moment
en moment, ne vienne chez moi & ne nous
ſurprenne tête à tête. Tu vois que ma maiſon
ſe monte. Un amant , un entreteneur , ou
Milord pot-au-feu ; il me manque encore
un *Guerluchon* , un *Farfadet* & un *Qu'im-*

belles, & méritent d'être vues ; elles jouent pendant l'été tous les premiers Dimanches du mois.
Il y a une ſalle de comédie où on joue l'été. Le
jour de St. Cloud il y a foire dans le parc , & les
caux jouent par extraordinaire.

(1) C'eſt le Suiſſe du parc ; il eſt en même-tems
traiteur. Il ſe fait chez lui quantité de parties de
demoiſelles. La bonne compagnie y va auſſi manger des matelotes ; elles ſont trés-renommées. Le
jour de St. Cloud il donne un bal & un feu d'ar-
tifice, il en coute trente ſols pour y entrer.

(1) Traiteur au petit cours en face du Coliſée,
dont la maiſon s'appelle l'Hôtel du Bel air.

porte (1). Il faut efpérer que cela fe trouvera.

Dans ta derniere lettre, tu ne me parles
pas du Confeiller, eft-ce que tu ferois brouil-
lée avec lui ? Tu as peur, fi cela eft, que je
te gronde ; en vérité je le ferois : car un
entreteneur Confeiller eft un homme à ménager, & qui demande des égards. Adieu.
Je te fouhaite d'être auffi heureufe que je le
fuis dans ce moment.

Ce Mercredi 11 Septembre 1782.

Mon Comte eft revenu hier de la Cour ;
il eft plus amoureux de moi que jamais. Il

(2) Une demoifelle entretenue ne fe contente
pas de fon feul entreteneur, appellé ordinairement *Milord pot au feu*. Elle a ordinairement un
amant en titre, qui ne paye que les chiffons ; un
Guerluchon, c'eft un amant qu'elle paye ; un *Farfadet*, c'eft un complaifant ; & un *Qu'importe* eft
une perfonne qui vient de tems en tems, qui eft
fans conféquence, & paye au befoin les petites
dettes criardes.

eft venu paffer trois heures avec moi ; il me mene aujourd'hui aux françois dans fa petite loge. Delà il vient fouper & coucher avec moi ; ainfi tu vois que le voilà maintenant en pied ; demain je dois le mettre au fait de mes affaires, & nous prendrons enfemble un arrangement définitif. J'ai déjà envoyé chercher plufieurs perfonnes à qui j'ai recommandé de me faire de gros mémoires pour marchandifes fournies & non payées Elles y ont confenti à condition que je prendrois chez elles des marchandifes pour la fomme qu'ils recevront. J'ai fabriqué en outre quelques petits billets pour les faire valoir au befoin. Enfin je me fuis arrangée de maniere que, fi le Comte paye tout cela, j'aurai au moins quarante-cinq louis devant moi. Cela me fera une reffource dans le cas où le Comte me quitteroit promptement.

Si mon bonheur préfent dure encore quelque tems, je me trouverai bientôt vraiment embarraffée de mon bien. Mais, à propos d'embarras, on donne ici depuis
quelques

quelques jours un nouvel Opéra, nommé
l'*Embarras des richeſſes*, ſur lequel on a
fait les couplets ſuivans.

Air.: *de la Béquille du Pere Barnabas.*

Embarras d'intérêt,
Embarras de paroles ;
Embarras des ballets,
Embarras dans les rôles.
Enfin, de toute ſorte,
On ne voit qu'embarras ;
Mais allez à la porte,
Vous n'en trouverez pas.

Autre, *ſur le même Opéra.*

On donne à l'Opéra
L'embarras des richeſſes,
Ce qui apportera,
Je crois, bien peu d'eſpeces.
Cette piece comique
Ne réuſſiſſant pas,
A tort l'auteur lyrique
A fait ſon Embarras.

E

Ce fujet rebattu
Peut - être auroit pu plaire ;
Mais il auroit fallu
En un acte le faire :
Mais cet auteur ne penfe
Qu'à faire grand fracas ,
Efpérant par la danfe
Se tirer d'embarras.

Je finis, il eft plus d'une heure, il faut
que je me mette à ma toilette. Adieu.

Ce Mardi 17 Septembre 1782.

J'AI paffé quelques jours fans t'écrire,
ayant eu beaucoup d'affaires. Le Comte a
payé mes dettes réelles & factices, & a
retiré de gage les effets que ma détreffe
m'avoit forcé d'y mettre. Nos conventions
font faites, il me donne cinquante louis
par mois : mais il faut que j'aie un caroffe
de remife au mois. Il veut que je change de
logement pour le terme prochain, & fe

charge de m'en chercher un aux environs de
fon hôtel. Quel plaifir pour moi de briller
encore une fois, & de pouvoir à mon tour
regarder avec dédain quantité d'infolentes qui
infultoient fouvent à mon malheur. Cependant, dans notre état, il ne faut pas trop
s'énorgueillir. Aujourd'hui dans l'opulence
& demain dans la mifere. Mais ne penfons
plus à cela; jouiffons du moment préfent.

Je fuis auffi très-contente de mon amant,
il fait ce que je veux. Je pourrai aifément
l'affocier au Comte, qui ne vient guere chez
moi qu'à des heures réglées.

Le Comte doit me préfenter ce foir à
quelques-uns de fes amis & me donner à
fouper avec eux à une petite maifon qu'il a
louée jufqu'au mois de Novembre. Il a même
envie que j'y aille demeurer jufqu'à ce que
j'aie un logement convenable à mon nouvel
état. Mais comme cela me gêneroit, j'ai
refufé fous le prétexte que je ne puis aban-
donner ainfi mon logement & mes effets; il y
a confenti & ne veut, dit-il, me contrarier

en rien. Adieu. Puiſſe ton Conſeiller faire de même.

━━━━━━━━━━━━━━━━━━━━

Ce Lundi 23 Septembre 1782.

L E Comte eſt aux petits ſoins avec moi, il m'a apporté ce matin deux charmantes robes d'automne, voilà le beau ; mais mon amant étoit couché avec moi, il n'a eu que le tems de ſauter au bas du lit, de prendre ſes habits ſous ſon bras & de ſe ſauver par la porte de l'alcove dans ma garderobe, où ma femme de chambre a paſſé un moment après & l'a caché dans une grande armoire, & voilà le mal. La peur que cela m'avoit donné m'avoit un peu troublée. Le Comte s'en apperçut & m'en demanda la cauſe. Je prétextai auſſitôt un grand mal d'eſtomac, craignant qu'il ne voulût jouir de ſes droits ; car il auroit trouvé les choſes en fort mauvais état, nous en étant beaucoup donné mon amant & moi. Il m'a conſeillé de me lever & de prendre du thé. J'en ai pris

quelques taffes , mais feignant toujours de
ne recevoir aucun foulagement , il m'a dit
avoir chez lui un élixir anglais excellent &
qu'il alloit me le chercher. Je l'ai beaucoup remercié en l'affurant que je fouffrois
confidérablement. Sitôt qu'il a été forti, j'ai
couru délivrer mon amant de fa prifon ;
il s'eft habillé à la hâte & eft parti. Quant
à moi, j'ai été faire une ample toilette au
vinaigre aftringent Le calme où j'étois alors
avait remis ma figure. Je dis au Comte à
fon retour que j'étois guérie, mon eftomac
s'étant déchargé de ce qui l'oppreffoit. Mais
je n'en fus pas quitte pour cela , le Comte
exigea que je priffe de fa drogue, & je n'ai
pu m'y refufer. Il m'a ordonné la diete
jufqu'au foir , qu'il viendroit fouper avec
moi & me veiller toute la nuit. Adieu.

Ce Vendredi 27 Septembre 1782.

DEPUIS que j'ai un caroffe à mes ordres,
je ne fais que courir. On me voit partout,

aux fpectacles, aux promenades, &c. C'eft
une bien jolie chofe qu'une voiture; c'eft
le fuprême bonheur de la vie. Le Comte
eft un bien aimable homme. Voilà une petite
piece de vers qu'il m'a montré. Je la lui ai
demandé pour te l'envoyer.

A MADAME P***.

Dont on louoit la peau douce & le bon cœur.

Et peau douce & bon cœur, m'a-t-on dit au-
jourd'hui,
Vous furent donnés en partage,
P***. je voudrois croire à ce double avantage,
Mais croire fur la foi d'autrui,
Hélas! me paroît bien peu fage,
En juge mieux inftruit, moi, j'aime à pro-
noncer;
De ma main, fans la repouffer,
Souffrez qu'à votre main je touche;
Entendez, fans vous courroucer,
Un mot tendre, qui veut s'échapper de ma
bouche;
Et foudain je vais dire à tous

Les titres reconnus que vous avez pour plaire,
Quoique j'aimerois mieux, s'il faut être fin-
    cere,
    J'aimerois mieux, à vos genoux,
    Obtenir le droit de m'en taire,
    Et de n'en rien dire qu'à vous.

Le Duc de Fronfac eft très-malade. Ma
foi, s'il mouroit, on ne feroit pas une
grande perte ; il a tous les vices de fon pere
fans en avoir le bon & les agrémens. Adieu.
Je ne t'écris qu'un mot, ayant une grande
toilette à faire pour me montrer ce foir à
l'Opéra.

<hr/>

Ce Mercredi 2 Octobre 1782.

J'ÉTOIS hier fuperbe. j'avois une robe
d'automne toute neuve, garnie par la Bertin.
Au fortir de l'Opéra. Zelmire m'a apperçue,
elle crevoit de dépit, ainfi que Felmé, qui
étoit avec elle. Cela a été bien pis quand
les aboyeurs ont crié : la voiture de Mademoifelle Julie. J'ai paffé à côté d'elles en

E 4

les regardant d'un air de protection. Je
t'avoue que cela a été une satisfaction pour
moi. J'ai été de là souper à la petite maison
du Comte, où j'ai reçu toutes sortes d'éloges
fur ma beauté & ma parure. Hélas! puiffe le
bonheur dont je jouis durer autant que mon
amitié pour toi. Porte - toi bien, & donnes-
moi fouvent de tes nouvelles. Si tu as quelque commiffion à me donner, je m'en
chargerai avec plaifir & les ferai avec la
plus grande exactitude.

Ce Lundi 7 Octobre 1782.

COMME je t'ai parlé dans une de mes
précédentes de la maladie du Duc de Fronfac,
je te dirai qu'il eft maintenant hors d'affaire.
Il circule ici depuis quelques jours une
petite piece de vers à laquelle fa maladie a
donné lieu. Tu feras peut-être charmée d'en
trouver ci-joint une copie, étant dans la
ville où fon pere a commandé. Il a emporté
avec lui les regrets des filles; il les pro-

tégeoit, & elles ont beaucoup perdu à son
départ.

LE DUC RECONNOISSANT

ET

LES DEUX MÉDECINS.

Conte allégorique.

Un petit Duc, un petit Avorton,
Bouffi d'orgueil & du plus mauvais ton
Fait au mépris & se riant du blâme,
Se préparoit, non pas à rendre l'ame,
(On ne rend pas ce qu'on n'a jamais eu)
Sans plus de phrase il se croyoit perdu :
Privé d'espoir & pourri de débauche,
Ce Mannequin, cette fragile ébauche
Alloit partir bien cousu dans un sac,
(Ce mot est mis pour rimer à Fronsac)
Lors deux rivaux du grand Dieu d'Epidaure
Dont le talent mérite qu'on l'honore
Viennent soudain, quoiqu'appellés bien tard.
Les deux amis, joyeux de la victoire,
Modestement s'en renvoyent la gloire.

Dans le moment, du fond de ſes rideaux,
Le Duc, encore étendu ſur le dos,
Glapit ces mots, injure ſotte & vaine;
Bravo, Docteurs, voilà de la Fontaine
Les deux Baudèts, qui, ſe faiſant valoir,
Vont, tour-à-tour, uſer de l'encenſoir.
Bon! dit Bartés, je goûte cette ſable;
Mais j'aime mieux l'hiſtoire véritable
De ce Dauphin, qui, voyant un vaiſſeau
Non loin du port diſparoître ſur l'eau,
Veut ſur ſon dos, à l'inſtant du naufrage,
Sauver lui ſeul preſque tout l'équipage,
 A terre il porta ce qu'il put;
Même un ſinge, en cette occurrence,
 Profitant de ſa reſſemblance,
 Lui penſa devoir ſon ſalut.
 Mais le Dauphin tourna la tête:
 Et le Magot conſidéré,
 Il s'apperçoit qu'il n'a tiré
Du fond des eaux rien qu'une bête
 Il l'y replonge & va trouver
Soudain quelque homme afin de le ſauver.

Les deux Docteurs , après cette aventure,
Livrent le Duc aux foins de la Nature,
Qui le fauva par l'unique raifon ,
Qu'elle fait naître , en la même faifon ,
L'aigle , l'afpic , les fleurs & le poifon.

J'ai un charmant appartement de loué.
On eft occupé à le meubler. La chambre à
coucher fera en damas bleu & blanc, le
falon en damas blanc & cramoifi. J'aurai
un boudoir en glace. Une mufulmane blanche
parfemée de rofe eft l'étoffe dont feront les
ameublemens. Mon lit aura une glace dans
le fond & une au ciel ; il eft fait a la Turque.
Ma toilette , mon fecrétaire , mes commodes
& encoignures feront en bois de rofe avec
des marbres blancs. Ma falle à manger eft
boifée & peinte en petit gris. J'aurai un
fervice complet de porcelaine de la manu-
facture de Clignancourt. Quant à l'argen-
terie , j'en aurai peu , c'eft Rigal qui la
fournit. La tête me tourne , chere amie,
de penfer comme je vais briller. Je fuis fans

ceſſe ſur les ouvriers ; je les gronde de ce qu'ils ne vont pas plus vîte. Enfin voyant que je ne gagnois rien, j'ai changé de batterie, & je leur ai promis deux louis pour boire, ſi tout eſt prêt pour le quinze de ce mois. Il me tarde bien d'être à ce jour-là! Adieu.

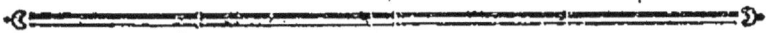

Ce Jeudi 10 Octobre 1782.

Que le tems coule lentement quand on attend avec impatience après quelque choſe! Il ſemble que le ſoleil ralentiſſe ſa courſe. Qu'il eſt cruel d'attendre! J'ai encore cinq jours à paſſer avant que je puiſſe habiter mon nouvel appartement, & encore ne ſuis-je pas ſûre qu'il ſera prêt pour le jour dit. Les ouvriers ſont ſi lambins! il me ſemble qu'ils n'avancent point. Si cela ne finit, je deviendrai folle. Voilà quatre jours que je n'ai fait que m'occuper de mon déménagement ; je n'ai plus de plaiſir ; ni ſpectacles, ni promenades. Je finis, car ſi je continuois mes

plaintes, je pourrois t'ennuyer. Changeons
de thefe. Le Comte, qui ne cherche qu'à
me diftraire, m'apporta hier les chanfons que
tu trouveras ci-jointes. Puiffent-elles fervir
à diffiper l'ennui qu'a dû naturellement te
caufer la lecture de ma lettre.

CHANSON *fur les femmes du fiecle.*

Ne nous préférons point aux belles,
Bien loin de l'emporter fur elles,
De tous côtés nous leur cédons;
Et fi nous avons en partage
Quelqu'agrément, quelqu'avantage,
C'eft d'elles que nous le tenons. *bis.*

Nous leur devons la politeffe,
Le bon goût, la délicateffe,
Les façons & les fentimens.
De deux beaux yeux le doux langage.
En un jour inftruit davantage
Que tous les livres de dix ans. *bis.*

Tous les refforts de notre adreffe
Ne font rien près de leur fineffe ;
On ne les prend jamais fans vert :
Et la femme la moins habile.
Se tire d'un pas difficile
Mieux que l'homme le plus expert. *bis.*

Une longue & pénible étude
Ne peut nous donner l'habitude
De leur agréable jargon.
Le fexe en efprit nous furpaffe,
Et l'on compte fur le parnaffe
Neuf Mufes pour un Apollon. *bis.*

Moins vaines que nous, plus difcretes,
Sur le fait de leurs amourettes
On ne les voit point éclater ;
Celles dont la raifon s'oublie,
N'ajoutent point à leur folie
Le fot plaifir de s'en vanter. *bis.*

Un rien déconcerte nos ames,
Nous nous rebutons, mais les dames
Suivent jusqu'au bout leur deſſein;
Nul obſtacle ne les arrête,
Et tout ce qu'elles ont dans la tête
Devient un arrêt du deſtin.　　　*bis.*

Quoi qu'on diſe de leur foibleſſe,
Dans leur grand ſujet de triſteſſe,
Elles ſont plus fortes que nous;
Et tandis qu'un rien nous déſole,
On en voit qu'un moineau conſole
De la perte d'un tendre époux.　*bis.*

Air de l'Amant jaloux.
Tandis que tout ſommeille.

Si d'un deſtin barbare
Tu brave les décrets,
Trompons, amans diſcrets,
La loi qui nous ſépare.
Souvent l'amour, dans ce ſéjour,
Unit deux cœurs fideles.

Oui, l'amour fera triomphant,
Il me conduit & te défend;
Et s'il n'eſt encore qu'un enfant,
    Cet enfant a des aîles.

        ◎ ◎
         ◎

    Les peines de l'abſence
    Ne ſont pas ſans plaiſir,
    L'erreur de mes déſirs
    Me rendra ta préſence;
Puiſſe ton cœur, pour mon bonheur,
    Partager mon délire;
Mais qui peut t'aimer comme moi?
Toutes les nuits je te revois:
Et mon ame pleine de toi
    Tous les jours te déſire.

        ◎ ◎
         ◎

    Quelquefois je m'éveille,
    Flatté d'un tendre eſpoir,
    A mes vœux, l'autre ſoir,
    Tu parus moins cruelle:
Heureux momens! pour un amant
    Qui t'aime & qui t'adore.

                  Remplis

Remplis d'une douce langueur,
Tes yeux avoient moins de rigueur;
Ma main repofa fur ton cœur,
Et ma main brûle encore.

Ce Mercredi 16 Octobre 1782.

JE fuis enfin d'hier dans mon nouvel appartement. Le Comte, comme tu te l'imagines bien, a eu les premices du lit. Il a
fait des efforts incroyables de vigueur;
mais hélas ! les défirs les plus ardens en
fait d'amour font très-rarement, chez les
hommes, accompagnés de la force fuffifante
pour les fatisfaire, tandis que notre fexe
eft toujours en état de jouir. Je me rappelle
à ce fujet une ancienne chanfon faite pour
prouver l'excellence du genre féminin. Je
la chantai dernierement au Comte qui ne
put s'empêcher de convenir que l'auteur
avoit raifon fur tous les points. Tu feras
peut-être charmée de la trouver ici.

F

CHANSON.

Air connu.

Par des raiſons , prouvons aux hommes
Combien au-deſſus d'eux nous ſommes,
Et quel eſt leur triſte deſtin ;
Nargue du genre maſculin.
Démontrons quel éſt leur caprice ,
Leur trahiſon , leur injuſtice ;
Chantons & répétons ſans fin ,
Honneur au ſexe féminin.

◎ ◎ ◎

L'homme ayant bu n'a plus de tête,
Moins raiſonnable qu'une bête,
Il ne peut trouver ſon chemin ;
Nargue du genre maſculin.
Mais la femme eſt bien plus aimable,
Plus riante & plus agréable ,
Quand elle eſt en pointe de vin.
Honneur au ſexe féminin.

◎ ◎ ◎

Qu'à Cythere on faſſe un voyage,
De retour du pélérinage,

L'homme eft fouvent trifte & chagrin ;
Nargue du genre mafculin.
La femme en revient, au contraire,
Plus éveillée & plus légere ;
Elle y retourneroit foudain.
Honneur au fexe féminin.

◎ ◎ ◎

Veut-on obtenir une grace ?
L'homme fuit fon juge à la trace,
Et c'eft prefque toujours en vain ;
Nargue du genre mafculin.
Au lieu que la femme paroiffe,
A lui donner chacun s'empreffe ;
Prend-elle ? on baife encore fa main.
Honneur au fexe féminin.

Je reviens à mon nouveau logis. Que
mon lit eft doux ! que les glaces qui y font
font un bien bel effet ! & qu'il eft agréable
de voir fes charmes répétés mille fois & en
autant de poftures différentes ! S'il eft un
moyen fûr de doubler notre exiftence en
multipliant nos fenfations, je crois que c'eft

F 2

celui là fans contredit. Que je fuis fâchée,
ma chere Eulalie, que tu ne fois pas ici!
Que tu me féliciterois! & que j'aurois de
plaifir à te faire partager mon bonheur!
Nous ferions toujours enfemble, & je n'irois
jamais au fpectacle fans toi.

J'attends dans ce moment mon cher
amant ; je veux lui donner l'étrenne du
boudoir. Le voici qui entre : je quitte l'amitié pour voler dans les bras de l'amour.
Adieu.

Ce Mardi 22 Octobre 1782.

J'AI fait, ma chere amie, mes emplettes
de robes d'hiver & de fourrures (1). Voilà

(1) A Paris, ce n'eft pas le tems qui regle les
faifons, mais les époques que voici : Le premier Novembre, les habits & robes d'hiver &
le manchon. Le jour de Pâques, les habits &
robes de printems. Lé jour de la Pentecôte, les
habits & robes d'été. Et le premier Octobre, les
habits & robes d'automne. Un homme, qui fe
pique de fe bien mettre, aime mieux mourir de

bientôt le tems où l'on fera l'amour auprès du feu. J'aime assez l'hiver, on est plus rassemblé dans cette saison, & le jour des bougies est plus avantageux que celui du soleil. J'aï maintenant un quart de loge à l'Opéra ; il commence aujourd'hui : j'en ai aussi un aux Italiens, mais il ne commencera que dans les premiers jours de Novembre.

Le Comte attire chez moi beaucoup de poëtes & d'auteurs qui se disputent l'honneur de me lire leurs ouvrages. J'aurai dorénavant une fois ou deux la semaine un souper d'esprit. Que ma toilette va être abondamment fournie des bagatelles du jour ! Bouquets à Iris, sonnets, bouts-rimés, madrigaux, accrostiches, impromptus, tout sera de mon ressort, je jugerai de tout. Je ne serois pas surprise même de voir un jour mon nom passer à l'immortalité à l'aide d'une pompeuse dédicace. Mais le plus

froid, ou périr de chaleur, que de ne pas suivre strictement l'étiquette. Il auroit peur qu'on ne le prît pour un homme arrivant du Congo.

flatteur pour moi de toute cette affaire, c'eft de me trouver plus que jamais à portée de te faire paffer en ce genre tout ce que je croirai pouvoir t'amufer.

Je vais toujours mon train avec mon amant fans que le Comte en ait le moindre foupçon ; il me croit très-fidelle. Je le comble de careffes , car je l'aime de bonne foi ; mais je ne puis l'aimer feul , mon cœur a befoin de beaucoup de nourriture. J'entends ici , chere amie , par *cœur* , celui du Che-valier de Boufflers. Adieu. Que n'es-tu avec moi ! ma joie feroit complette.

Ce Vendredi premier Novembre 1782.

Qui mange chapon, chapon lui vient. Ce vieil & commun adage s'eft vérifié chez moi depuis quelques jours. On m'annonça un de ces matins qu'une femme, fe difant revendeufe à la toilette , demandoit à me parler ; j'ordonnai qu'on la fit entrer.

Arrivée près de mon lit, cette femme me
dit qu'elle feroit bien aife d'être feule avec
moi ; je fis retirer Sophie , & la femme débuta ainfi : Ce que je vois , Madame, me
confirme affez qu'on peut être auffi paffionné
pour vous que l'eft la perfonne qui m'a
priée de venir vous parler en fa faveur.
Un Prince Ruffe, qui vous a vue plufieurs
fois au fpectacle, meurt d'envie de vous
avoir quelques inftans à fa difpofition. Il part
dans peu pour retourner dans fa patrie , &
il dit que fi vous ne le rendez heureux, il
en mourra. Je fuis chargée de vous demander à quel prix vous mettez vos faveurs ,
& de vous offrir , fi vous ne voulez pas
que l'entrevue fe faffe chez vous, de venir
chez moi. Je demeure à un fecond étage,
je vends des modes, ainfi cela ne paroîtra
pas fufpect. Le Prince s'y rendra , & vous
pafferez enfemble dans une chambre qui
eft fur le derriere. Je lui répondis que je
ne pouvois accepter cette offre , attendu
que j'avois pour entreteneur un homme

F 4

très-honnête , & que je voulois lui être
fidelle. Bon , me répliqua-t-elle , Madame ,
vous devez faisir une aussi belle occasion
que celle qui se présente ; elles ne se ren-
contrent pas souvent ; l'âge des amours passe
rapidement, & il faut en profiter pour amasser
de quoi s'en consoler dans l'arriere faison.
Croyez-moi , Madame , le Prince est généreux & veut fortement ce qu'il désire , il en
passera par où vous voudrez. Votre infidélité
est *un coup d'épée dans l'eau* dont il ne
restera pas la moindre trace. Persuadée par
ses raisons, je lui dis de dire au Prince que ,
s'il vouloit me donner cinq cens louis , je
me prêterois à ses désirs. La même femme
revint trois heures après me dire que le
Prince avoit accepté ma proposition & lui
avoit même remis deux cens louis pour me
donner comme arrhes du marché. Je les
pris & convins que je me rendrois chez
elle le lendemain à neuf heures du matin.
Je n'y manquai pas , le Prince m'attendoit
& me reçut avec toutes les caresses d'un

amant paſſionné. Comme il étoit preſſé de
jouir , nous paſſâmes auſſitôt dans la chambre
qui nous étoit deſtinée , où m'ayant fait
aſſeoir ſur un ſopha qui s'y trouvoit, le
Prince s'amuſa quelque tems à faire la revue
de mes charmes ; puis ſe découvrant tout
à coup, il étala à mes yeux un membre viril
dont l'aſpect me fit trembler. Non , de ma
vie , je n'ai vu un homme auſſi fortement
conſtitué. Il ſembloit que tout ce que j'avois
vu juſqu'à ce moment n'étoit que l'ombre
de ce que je voyois alors. Ma main ne pouvoit le contenir, & je déſeſpérois même
qu'il pût en faire uſage avec moi , lorſque
riant de mon étonnement , le porteur de cet
monſtrueux outil m'étendit ſur le ſopha &
ſe mit en devoir de le placer. Ce ne fut
pas ſans beaucoup de peines qu'il parvint
au centre de la volupté ; mais après quelques ſecouſſes , plongée dans un torrent de
délices , j'oubliai bientôt mes premieres dou-
leurs. Le Prince, de ſon côté, ne ſe póſſé-
doit plus , ſon ame toute entiere ſembloit

s'exhaler par fes foupirs. Quatre fois fans
quitter prife il m'avoit inondée, lorfque je
le priai de vouloir bien me donner un peu
de relâche. Il y confentit, nous prîmes quelques rafraîchiffemens, & un quart d'heure
après nous recommençâmes. Je retrouvai le
Prince auffi animé, auffi vigoureux que la
premiere fois. Quel homme! je n'en ai jamais
vu un pareil, pas même l'Abbé dont je t'ai
parlé il y a quelque tems (1). Je puis t'affu-
rer que j'étois toujours obligée de lui demander grace. Enfin, après trois affauts pa-
reils au premier, entre lefquels nous prenions
quelques reftaurans, je fus contrainte de
prier le Prince de ceffer fes vigoureux exploits, l'affurant que je n'y pouvois plus
tenir, & en effet j'étois rendue. Il me re-
mercia de la meilleure grace poffible, m'em-
braffa mille fois, & me donna les trois cens
louis dont nous étions convenus. Depuis ce
tems je n'en ai plus entendu parler. Juge,
ma chere amie, quelle aubaine! Tu vois que

(1) Voyez la lettre du 20 Mai, page 9.

la fortune & les plaisirs se réunissent pour
me rendre la plus heureuse des femmes.

En rentrant chez moi, j'ai trouvé tout
tranquille , mes gens ne se sont apperçu
de rien. Comme j'avois besoin de repos,
je feignis un grand mal de téte & me mis
au lit. Pendant mon absence, un de nos
beaux esprits m'a apporté le conte & la
chanson que je t'envoye. Je désire que cela
t'amuse. Adieu.

C O N T E.

Une superbe Chanoinesse
Portoit dans ses sourcils altiers,
L'orgueil de trente-deux quartiers.
Un jour au sortir de la Messe,
En présence de l'Eternel,
En face de tout Israël,
Tandis qu'elle fendoit la presse,
Et s'avançoit le nez au vent,
Un faux pas fit choir la déesse,
Jambes en l'air & front devant.

Cette chute fut fi traitreffe,
Qu'en dépit de tous fes ayeux,
Qui voulut, vit, de fes deux yeux,
Le premier point de la nobleffe.
Car, on ne peut nier cela,
Toute nobleffe vient de là.
Ce point en valoit bien la peine.
L'ivoire, le rubis, l'ébene,
N'ont rien de plus éblouiffant;
Elle avoit raifon d'être vaine.
Le beau Chevalier qui la mene,
Noble & timide adolefcent,
La relevoit en rougiffant,
Et raffuroit d'un air décent,
Mais plein de feu, mais plein de grace,
La pudeur prife au dépourvu.
Ah! Monfieur, dit-elle à voix baffe,
Monfieur, ces Bourgeois l'ont-ils vu?

CHANSON.

Air : *Du ferin qui t'a fait envie.*

Beautés qui fuyez la licence,
Evitez tous nos jeunes gens;

L'amour a déferté la France
A l'afpect de ces grands enfans ;
Ils ont par leur ton, leur langage,
Effarouché la volupté,
Et gardent pour tout appanage
L'ignorance & la nullité.

Malgré leur tournure fragile,
A courir ils paffent leur tems ;
Ils font importuns à la ville,
A la cour ils font importans ;
Dans le monde, en rois ils décident,
Au fpectacle, ils ont l'air méchant ;
Partout la fottife les guide,
Partout le mépris les attend.

Pour eux les foins font des vétilles
Et l'efprit n'eft qu'un lourd bon fens ;
Ils ne font gauches auprès des filles,
Auprès des femmes indècens,
Leur jargon ne pouvant s'entendre ;
Et fi leur ferment peut tenter,

Ceux que le befoin a fait prendre ,
Bientôt l'ennui les fait quitter.

Sur leur air & fur leur figure ,
Prefque tous fondent leur efpoir ;
Ils employent dans leur parure
Tout le goût qu'ils croyent avoir.
Dans le cercle de quelques belles
Ils vont s'étaler en vainqueurs ;
Mais ils ont toujours auprès d'elles
Plus d'aifances que de faveurs.

De toutes leurs bonnes fortunes
Ils ne fe prévalent jamais ;
Leurs maîtreffes font fi communes ,
Que la honte les rend difcrets :
Ils préferent dans leur ivreffe
La débauche aux plus doux plaifirs ,
Ils goûtent fans délicateffe
Des jouiffances fans défirs.

Puiffent la Volupté , les Graces ,
Les expulfer tous de leur cour ,

Et favorifer à leurs places ,
La gaieté , l'efprit & l'amour.
Les déferteurs de la tendreffe
Doivent-ils goûter fes douceurs ?
Quand ils dégradent la jeuneffe ,
Doivent-ils en cueillir les fleurs ?

Ce Mercredi 6 Novembre 1782.

J A I été Lundi dernier aux Italiens , mon quart de loge commençant ce jour là. Je fuis très-contente de Madame Dugazon. Qu'elle a de graces ! il eft fâcheux qu'elle ne foit pas porteufe d'une plus jolie figure. Je voudrois bien que Colombe & Adeline ne fe peignent pas les levres avec du corail & ne fe miffent pas tant de blanc , cela les gâte au lieu de les embellir. La petite Débroffe eft gentille, elle a une petite figure de fantaifie charmante ; c'eft bien dommage qu'elle préfere, dit-on, les femmes aux hommes , mais c'eft malheureufement un

goût qui regne à ce fpectacle. Mefdames
Julien , Verteuil , Leroi & Adeline , font
accufées d'avoir ce vice. Mais à propos de
Débroffe, quelqu'un m'a affuré qu'elle avoit
le clitoris gros comme le petit doigt , &
qu'il a des momens d'érection. Je ferois
curieufe de le voir ; cela doit la gêner quand
elle voit un homme. Que les danfeufes y
font laides ! fi ce n'eft la petite Riviere ; elle
a une petite figure chiffonnée qui plaît. Je
vais te tranfcrire ici une chanfon que fon
amant a faite pour elle.

A Mademoifelle RIVIERE.

Air des Amours d'été : *Mon honneur dit &c.*

Mon tendre cœur , ma charmante Riviere ,
Pour toi me fit trahir tous mes fermens ;
J'avois juré qu'en aucune maniere
Je ne ferois au nombre des amans ;
Mais j'apperçus ta figure enfantine ,
Et de nouveau l'amour fut mon vainqueur ;
Mais maintenant jamais aucune mine
Ne pourra rien fur mon fidele cœur.

☾ ☾ ☾

Ton

Ton cher amant, ma charmante Riviere,
En ce moment, ne forme qu'un defir :
C'eft que bientôt, devenant tendre mere,
Nous puiffions voir notre amour s'affermir;
Mais de ton fexe aimable & très-volage
Jamais n'imite la légereté :
Joins la fageffe aux attraits du bel âge,
Et tu feras ma chere déité.

Pour la premiere danfeufe, c'eft un fquélette qui n'a que la peau fur les os. Le Prince
Marfan a cru avoir fes prémices, il l'a entretenue quelque tems ; mais il n'a eu que
les reftes de Parifeau, fon ancien directeur
aux Eleves de l'Opéra. Elle lui devoit bien
cela ; c'eft lui qui l'a formée & faite ce
qu'elle eft. Elle a du talent pour la danfe ;
fa taille & fon pied demandoit une autre
figure. Tu feras furprife, fans doute, de
me voir fi bien au fait de ce fpectacle, pour
fi peu de tems que je le fréquente ; mais ton
étonnement ceffera, fi tu veux te reffouve-
nir que j'ai fouvent chez moi la fleur des

G

beaux efprits , & que perfonne n'eft mieux
inftruit que ces meffieurs de toutes les anec-
dotes des fpectacles , de la cour & de la
ville. Adieu , chere amie , porte-toi toujours
bien , & donne-moi de tes nouvelles.

―――――――――――――――――――――

Ce Jeudi 14 Nov. 1782.

S I cela continue , ma chere amie , je ferai
à mon aife dans peu. La Comteffe m'a fait
avertir qu'il y avoit cinquante louis à gagner
fi je voulois paffer chez elle un quart d'heure.
Comme j'ai des obligations à cette femme
qui m'a rendu plufieurs fervices importans ,
& que c'eft une reffource à ménager , j'ai accepté. Je fuis entré chez elle par la porte de
derriere & fuis forti de même. C'étoit un
Evêque qui avoit un caprice pour moi. Sa
Grandeur s'étant dépouillée de tous fes vê-
temens, me pria d'en faire de même. Ainfi
nus , devant un bon feu , il me fallut remuer
l'outil de fa Révérence , tandis que l'Illuftrif-
fime fourageoit , de fes doigts facrés , le

bofquet de Cypris. Animé par ce double
jeu, les yeux pleins de luxure, & fe fentant dans une éreltion fuffifante, le volup-
tueux Prélat me porta fur le lit, où, par une
douce & copieufe libation, nous achevâmes
le facrifice.

Je rentrai chez moi très-fatisfaite. Le
Comte y étoit venu; mais Sophie qui entend
le *jâre*, lui a dit que je ne faifois que de
fortir pour aller voir une de mes amies en
mal d'enfant & qu'elle ne favoit pas au jufte
quand je ferois de retour. Le Chevalier de
Langeac que tu as connu autrefois vient de
faire un charmant couplet fur Nicolas, que
voici:

Air: *Et voilà comme, & voilà juftement.*

Vous favez bien, mes chers amis,
Qu'il faut des coqs pour cocher nos poulettes.
Vous favez bien qu'il faut des nids
Pour y dépofer les petits.
Vous favez bien que les fillettes
Tendent des lacs où nous fommes tous pris;

Or de ces nids, de ces coqs, de ces lacs ,
 L'Amour en a fait Nicolas.

Plufieurs de nos anciennes connoiffances
que la mifere faifoit raccrocher dans les rues ,
après avoir été fi élégantes , ont été arrêtées
ces jours paffés & mifes à Saint-Martin(1), &
pourroient bien aller de là à l'Hôpital (2) pour
quelques mois , fi perfonne ne les reclame ;
mais comme je connois un des premiers
commis de la Police , je ferai mon poffible
pour faire fortir Flore & Violette. Il faut
tâcher d'obliger , on ne fait pas ce qui
peut nous arriver. Je t'aime toujours.

(1) Prifon où l'on met les filles de mauvaife vie
en attendant qu'elles foient jugées par le Lieu-
tenant général de Police.

(2) Maifon de correction auprès de Paris où
l'on envoye les filles publiques pour trois , fix &
neuf mois , felon la gravité du délit. Elles font
obligées de faire une certaine tâche d'ouvrage
chaque jour , ou de payer une fomme dite , fi
elles veulent s'en difpenfer. En forte que , par ce
moyen , elles payent ou gagnent leur nourriture.

Ce Jeudi 20 Nov. 1782.

C'étoit Lundi la fête du Comte, les Poëtes de sa connoiſſance ſe ſont empreſſés de le complimenter en vers de leur façon. Il y a eu grand ſouper chez moi ; je lui ai donné pour bouquet mon portrait ſur un *Souvenir*. Il a été enchanté de ce cadeau, ſa joie étoit au comble, il étoit comme un fou. Comme je ſais qu'il aime la muſique, j'avois prié des muſiciens à ſouper, & il y a eu concert. Nous avons paſſé la ſoirée la plus agréable. Parmi les chanſons que l'on a chanté, j'en copie ici deux qui m'ont paru jolies.

ROMANCE.

Air : *Tandis que tout ſommeille.*

Ne ſoyez qu'infidelles,
Sans crime on peut changer ;
Mais, ſans les outrager,
Aimez toutes les belles.

Si les amours portent toujours
  Votre cœur fur leurs aîles,
Imitez l'inconftant Zéphir,
Sans bruit il pourfuit le plaifir,
Et careffe fans les flétrir
  Toujours rofe nouvelle.

Le bruit eft pour la gloire,
Le fecret pour l'amour;
Heureux amans, toujours
Cachez votre victoire:
Dans vos fuccès foyez difcrets,
  Aimez avec myftere;
Le ciel fit les myrtres épais
Pour cacher fous leurs voiles frais
Et les plaifirs & les fecrets
  D'une tendre bergere.

CHANSON.

Air: *Avec les jeux dans le village.*

Pourquoi cette guerre civile
Entre gens faits pour être amis?
Soyez d'une humeur plus facile,
Mes jeunes & mes vieux amis;

Nul intérêt ne vous divife ,
La Nature a marqué vos lots;
N'ayez qu'une feule devife,
N'apprêtez point à rire aux fots. *bis.*

Que la jeuneffe ait en partage ,
A côté de mille agrémens ,
Le défaut d'être un peu volage ,
C'eft un malheur de tous les tems :
Que de fàcheufes découvertes
Aux vieillards donnent de l'humeur ,
Qu'ils foient affligés de leurs pertes ,
C'eft encore une vieille erreur. *bis.*

Chaque âge aura toujours fon code ,
Ses plaifirs & fa vanité ;
Mais que la raifon raccommode
L'enfance & la caducité :
L'une fe croit trop raifonnable ,
L'autre trop fure de charmer;
Faites mieux, foyez plus aimable,
Et apprenez à mieux aimer. *bis.*

G 4

Le Comte m'a promis fon portrait pour payer le mien ; j'en ferai flattée, car je l'aime beaucoup malgré mes infidélités. A propos d'infidélités , mon jeune amant a acheté les poftures de l'Arétin avec les gravures. Nous nous amufons chaque jour à en effayer quelques-unes dans mon boudoir aux glaces. Ah ! quels momens délicieux nous paffons enfemble ! les heures nous paroiffent des inftans. O divine jouiffance ! rien n'eft comparable au bonheur que tu procures. La vie maintenant m'eft chere , j'aurois bien de la peine à la quitter. Que les tems font changés pour moi ! il ne manque à mon bonheur , pour le rendre parfait , que d'avoir avec moi ma chere Eulalie. Adieu.

Ce Mercredi 27 Novembre 1782.

EN lifant celle-ci , tu vas t'écrier : toujours des vers ! mais tu m'as mandé qu'ils te faifoient plaifir , j'ai fans ceffe des Poëtes chez moi, il faut bien se conformer au goût de nos amans.

VERS

Sur un petit Arbrisseau.

Tendre lilas,
Mon cœur à jamais te préfere
Aux faveurs de nos Mécénas,
Au vert olivier de Pallas;
Plus que le laurier même à mes yeux tu fais
plaire,
Sur tous les arbrisseaux je te donne le pas.
Cadeau chéri de ma bergere,
Orne le réduit solitaire
Où nuit & jour je reve à ses appas;
Que de nos cœurs, interprete sincere,
L'amour sur ton écorce imprime l'entrelas
Et du nom de Glycere
Et de celui d'Hilas.
Puisse-tu de la main d'une si tendre mere,
Transplanté dans cette isle, émule de Cythere,
Que la Marne couronne & ceint d'un double
bras,

Témoin officieux de nos joyeux ébats,
    Protéger le plus doux myſtere !
Là, couchés mollement ſur la jeune fougere,
    D'un dais de fleurs tu nous couronneras ;
A tes pieds nous prendrons les plus ſimples
      repas.
Tu te croiras heureux de notre ſort proſpere ;
    Mais nos plaiſirs tu les tairas.
    Ne ſouffre point qu'un chaſſeur ſanguinaire
Sous toi d'un tendre oiſeau médite le trépas ;
      L'Amour & ma Glycere
    Ont ſeuls droit d'y tendre des lacs.
    Sous ton ombre que je révere
Nous viendrons tous les ans oublier les frimats
Et te rendre au printems viſite réguliere.
Mais quand l'ardent Phœbus & l'Aquilon
      ſévere,
De ton feuillage ſec viendront couvrir la terre,
    En te quittant, je me dirai tout bas :
    Tel eſt le ſort de la fleur paſſagere.
Comme la fleur des champs, que le cœur de
    Glycere,
    Amour, ne change pas.

Je finis, le Comte vient, adieu. Je te
fouhaite de la joie & de la fanté,

Ce Lundi 2 Décemb. 1782.

J'AI oublié de te mander que Reneffon a
fait à la meffe des Petits-Peres (1) la connoiffance d'un vieux qui n'eft pas trop dégoûtant.
Il lui donne dix louis par mois pour avoir fes
entrées chez elle, lui permettant de faire,
pendant fon abfence, tout ce qui lui plaira.
Il ne peut plus rien qu'une fois en fix mois,
mais fon grand plaifir eft la *magniote* & de
fe faire donner le fouet. Elle a confenti à
tout cela & l'a pris en attendant mieux.

Rofette a été plus heureufe, elle a maintenant pour enteteneur un Notaire. C'eft

(1) Anciennement, la meffe, où alloient les
agréables & les demoifelles qui vouloient étaler
leurs attraits, étoit celle des Quinze-vingts.
Depuis qu'ils ont été transférés dans le Fauxbourg
Saint-Antoine, c'eft maintenant aux Petits-Peres,
Couvent près la Place des Victoires, où fe dit la
meffe du beau monde.

du folide, & encore facile à tromper, ayant des occupations auxquelles il ne peut fe fouftraire, & pendant lefquelles on peut être tranquille.

Le Comte eft allé paffer deux jours à Verfailles. Pendant ce tems, mon amant l'a remplacé. Il fembloit que je reffentois plus de plaifir avec lui, & que les glaces faifoient mieux leur effet. On a bien raifon de dire qu'une chofe défendue paroît toujours meilleure. Je finis vîte, mon coëffeur m'attend pour me couper les cheveux & me frifer; c'eft une opération très-longue, & qui m'ennuie d'avance. Adieu,

Ce Lundi 9 Déc. 1782.

L A femme à mon Prince Ruffe eft revenue

à la mode de fon pays natal. Je me fuis beaucoup récriée ; j'ai dit que c'étoit une propo-
fition horrible. La femme m'a répondu que
dans chaque pays il y avoit des ufages diffé-
rents ; elle m'a enfuite cité nombre de nos
élégantes qui n'étoient pas fi difficiles. Les
cinq cens louis , plus que toutes ces raifons ,
me déterminerent ; j'étois curieufe en outre
de voir ce qu'une femme éprouvoit à ce jeu.
J'ai donné rendez - vous & m'y fuis rendue.
Ce n'eft qu'avec bien de la peine que notre
Italien en eft venu à fon honneur, j'ai cru
qu'il me déchireroit le derriere, je n'ai pu
m'empêcher de crier. En vain , pendant qu'il
opéroit, les mains de l'Italien cherchoient-
elles à me procurer du plaifir , je n'en ai
pu prendre aucun , & fuis fortie en jurant
bien que jamais je ne fouffrirois qu'on jouît

Ce Lundi 16 Décembre 1782.

DEPUIS ma derniere aventure, je ne puis concevoir comment Thevenin, furnommée l'As de pique (1), aime beaucoup à être vue à l'Italienne, & prie ceux qui veulent la voir de le faire ainfi. Je ne peux m'imaginer autre chofe, finon que c'eft de peur de faire des enfans.

Mon Comte eft de retour de Verfailles, j'ai paffé la nuit dans fes bras. L'abfence avoit fait un très-bon effet; il en eft revenu plus vigoureux & plus amoureux. Il m'a dit qu'à la Cour on parloit fortement de la paix, il fçait le defir que j'ai qu'elle fe faffe.

Je viens de voir la lifte de la loterie de France, j'ai gagné neuf cents livres paffé. Hélas ! quand j'étois dans l'embarras, je

(1) On l'appelle ainfi à caufe qu'étant extrêmement blonde, & ayant la peau d'une blancheur extrême, elle a le bofquet de cypris d'un noir d'ébene. Ce que je rapporte ici n'eft pas de oui-dire, je l'ai vu moi-même.

n'aurois pas eu ce bonheur là. L'eau va toujours à la riviere. Je vais employer cet argent à m'acheter quelque pompon de diamant ; le Comte ne m'en a pas encore donné, ayant été obligé de dépenfer beaucoup pour me meubler & monter ma maifon. Il m'en a promis pour l'année prochaine, mais c'eft encore bien long.

J'irai demain faire tes emplettes de chiffons. Je prendrai ce qu'il y a de plus nouveau. Je tâcherai aufli que dans le paquet il y ait les fouliers de Charpentier (1). Adieu.

(1) C'eft le plus fameux cordonnier pour femme qu'il y ait à Paris. Quand il vient prendre mefure c'eft actuellement en cabriolet, mais anciennement c'étoit en caroffe. Il s'eft ruiné par fon luxe ; fa femme eft très-jolie, il en eft éperdument amoureux. Les meubles de chez lui étoient en damas ; il donnoit des concerts, des bals, & voyoit beaucoup de gens de diftinction qui alloient courtifer Madame & rire de fes fottifes. Quand M. Charpentier prend mefure de fouliers à une jolie femme, il eft plaifant de l'entendre ; il l'accable de complimens. On ne le prendroit pas à fon habillement pour un cordonnier, mais pour un homme de robe. Il eft en habit noir, avec une perruque à la confeillere.

Ce Samedi 19 Décembre 1782.

TES commiffions font faites ; je me flatte
que tu feras contente : elles doivent partir
par la premiere diligence. J'ai ajouté une
petite robe d'un petit fatin à la mode ; furement tu feras une des premieres à le porter
à Bordeaux.

Voici des vers que mes beaux efprits m'ont
donné pour du nouveau. Puiffent-ils t'amufer. Il ne paroît jamais de nouveautés, qu'on
ne me les life. Souvent je ne les écoute pas,
& fuis occupée à autre chofe.

Très - humbles Remontrances du Fidele
Berger , *Confifeur rue des Lombards,*
à M. le Vicomte de Ségur.

> O vous , dont la mufe légere ,
> L'enjouement , les graces , le ton ,
> Cueillent les rofes de Cythere
> Et les lauriers de l'Hélicon ;
> Qui de nos amans infideles
> Préfentez à toutes nos belles ,

Et

Et les charmes & le danger,
Aviez-vous befoin de voler,
SÉGUR, pour vous faire aimer d'elles,
Les fonds du Fidele Berger ?
Que deviendront mes friandifes,
Mes petits cœurs & mes bombons ?
Qui briféra mes macarons
Pour y trouver quelques devifes ?
Affuré pour le nouvel an
De Meffieurs de l'Académie,
J'avois épuifé leur génie,
Et j'en étois affez content;
Mais près de vous quel auteur brille ?
Vous poffédez affurément
Plus d'efprit & plus de talent
Qu'il n'en tient dans une paftille.
Entre nous autres Confifeurs,
Nous favons ce que fur les cœurs
Peuvent produire les douceurs.
Si donc une des nobles dames
Que vous chantez fi galamment,
S'échauffant à vos douces flammes,
Fait de vous un heureux amant,

H

Songez au dédommagement
Que vous devez à ma boutique,
Et m'accordez votre pratique
Pour le baptême de l'enfant.

❦

Le jour de Noël, j'irai à la meſſe de minuit; il y aura grand réveillon chez moi, c'eſt le Comte qui a arrangé tout cela. Nous irons à Notre-Dame, où il doit y avoir une belle muſique.

Le Comte attend ſans doute le jour de l'an pour me donner ſon portrait, afin que cela me ſerve d'étrenne. Quant à moi, je lui donnerai une gerbe de mes cheveux.

Adieu, ma chere, prens garde de t'enrhumer, le tems eſt des plus froid; je touſſe un peu, & je me diſpoſe à garder la chambre, quoique ce ſoit aujourd'hui mon jour de loge aux Italiens.

Ce Dimanche 29 Décembre 1782.

C'EST la derniere fois que je t'écrierai de l'année. La partie que je t'avois annoncée pour le jour de Noël n'a pas eu lieu à caufe de mon rhume, mais je fors depuis trois jours. Tout le tems que j'ai gardé la chambre je n'ai ceffé d'avoir du monde, le Comte ne m'a pas quitté un feul inftant, ce qui m'a beaucoup gêné. Je n'ai pu voir mon amant que quelques momens à la dérobée. Il fe rendoit dans la chambre de Sophie, & lorf-que je voyois le Comte fort occupé à jafer, je m'échappois pour aller l'y trouver. J'ai penfé être furprife une fois. Comme je def-cendois de chez ma femme de chambre, j'ai trouvé le Comte qui y montoit, inquiet de ma trop longue abfence & craignant que je ne me fuffe trouvé mal. En vérité, trop de foins fouvent importune. Adieu, mon cœur, je te fouhaite en 1783 tout le bon-heur poffible ; quant à mon amitié, elle fera toujours la même.

H 2

Ce Jeudi 2 Janvier 1783.

LE Comte m'a donné pour mes étrennes une paire de bracelets en brillans, fur l'un defquels eft fon portrait, & fur l'autre fon chiffre & le mien. Je l'ai beaucoup remercié, mais il m'a impofé filence de la façon la plus galante. Mon amant m'a donné un petit pompon, mes beaux efprits, des vers & des dragées. Quelques amis du Comte m'ont donné d'autres petites babioles. Je fuis très-contente, & voudrois que le jour de l'an vînt tous les mois.

Si tu as jamais un mari, je fouhaite qu'il reffemble au héros de cette chanfon, qu'on peut appeller le modele des maris, la voici :

CHANSON fur l'air d'Albaneffe :
Eh ! qu'eft qu'ça me fait à moi.

Chaque jour plus élégante,
Si partout ma femme plaît ;

Des amis qu'elle me fait,
Si toujours le nombre augmente,
Eh ! qu'eft qu'ça me fait à moi ?
C'eft ainfi qu'on repréfente.
Eh ! qu'eft qu'ça me fait à moi,
Quand je chante & quand je bois ?

Qu'elle refte à fa toilette
Jufqu'à l'heure du rempart ;
Que fon panache avec art
Se leve & flotte en aigrette,
Eh ! &c.
Pour qui crois qu'elle eft faite ;
Eh ! &c.

De quel éclat elle brille,
On la lorgne & chacun dit :
La parure s'embellit
Sur une femme gentille.
Eh ! &c.
Le foir je la déshabille.
Eh ! &c.

H 3

Qu'elle parcoure la foire,
Se donnant mille bijoux;
Qu'un Chevalier des plus foux
La ramene à la nuit noire,
Eh ! &c.
Je ne paye pas le mémoire.
Eh ! &c.

Souvent, fans que je la preffe,
Elle foupe à la maifon,
Et quand je rentre au falon,
J'y vois régner l'allégreffe;
Eh ! &c.
On me flatte, on me careffe.
Eh ! &c.

Le boudoir eft préférable,
C'eft là que Madame rit;
Et plus le cercle s'étreint,
Plus Madame eft adorable;
Eh ! &c.
Chacun m'applaudit à table.
Eh ! &c.

Quand le champagne m'infpire,
Elle pétille d'efprit ;
C'eſt toujours elle qui dit
Le bon mot que j'allois dire.
Eh ! &c.
Je la vois pâmer de rire.
Eh ! &c.

Qu'ainfi chéris de leurs belles
On trouve peu de maris ;
Qu'on nous cite dans Paris
Tout comme deux tourterelles,
Eh ! &c.
Je cite auffi mes modeles.
Eh ! qu'eſt qu'ça me fait à moi,
Quand je chante & quand je bois ?

J'ai fait connoiſſance, il y a deux jours,
avec un jeune Officier aux Gardes Françoiſes
qui a tout au plus dix-ſept ans. Il eſt de la
plus jolie figure du monde. Je t'avouerai
que j'en ſuis amoureuſe ; j'ai bien envie d'en

faire mon Farfadet. Je le crois encore novice, cela m'amufera de lui donner la premiere leçon d'amour. Cependant à cet âge, à Paris, avoir encore fon pucelage, cela me furprendroit. Je le faurai avant peu ; il vient me voir demain, & comme je me meurs d'envie d'en jouer avec lui, je lui donnerai fi beau jeu, que, s'il fait quelque chofe, il le fera voir. Au furplus, s'il le faut, je ferai les avances, malgré ce qu'il pourra m'en coûter. L'amour n'écoute rien & fait taire les bienféances. Tu vois, chere Eulalie, que je me difpofe à bien commencer l'année ; fois perfuadée que je ne la pafferai pas fans bien m'en donner. Adieu. Porte-toi bien.

Ce Samedi 4 Janvier 1783.

MON petit Officier, chere amie, eft venu hier comme je lui avois dit, à dix heures du matin. J'étois reftée au lit. Sophie l'a introduit dans ma chambre & lui a donné un fauteuil près de mon lit. Il a d'abord faifi

une de mes mains , & la couvrant de baifers ,
il m'a dit qu'il m'aimoit à l'adoration ; que
depuis l'inftant qu'il m'avoit vue, il n'avoit
pas fermé l'œil ; qu'il ne faifoit que penfer à
moi , & qu'il étoit confumé par un feu brû-
lant ; que fi je ne l'aimois , il mourroit de chagrin. Hélas! fes yeux en difoient davantage :
ils étoient animés. Son difcours , qu'il débi-
toit avec tant de chaleur & de vérité , joint à
l'amour que je reffentois déja , me donnoient
pour le moins autant de défirs qu'à lui. Je
lui paffai la main derriere le cou , & lui
donnai un baifer de flamme , en lui difant
qu'une demoifelle rifquoit beaucoup en fe
fiant trop légerement aux difcours féduifans
d'un jeune homme ; que l'inconftance &
l'indifcrétion étoient les moindres maux à
redouter d'un tendre commerce avec des
gens de fon état & de fon âge. Ah ! répliqua-
t-il, je ne fçais comment font les autres ,
quant à moi , je jure d'être difcret & de
vous aimer toute la vie , Auffitôt m'em-
braffant il s'évanouit , & refta un moment

comme anéanti, la tête couchée fur mon fein :
puis revenant fubitement à lui , il recommença de m'embraffer en foupirant & avec
un regard languiffant. Je m'apperçus alors
qu'il étoit novice, & foupiroit après quelque
chofe qu'il n'ofoit ni prendre ni demander.
Je fonnai Sophie & me levai auffitôt, bien
réfolue de ne pas perdre ma matinée , mais
que mon joli boudoir feroit le théatre de
nos ébats. Je ne mis qu'un léger déshabillé piqué ; mon corfet étoit ouvert, & mes
cheveux flottoient fur mon fein. Ainfi arrangée, je paffai avec lui dans le boudoir , &
l'ayant fait affeoir à côté de moi fur mon
canapé, je le laiffai maître de s'emparer de
ma gorge , & de me donner autant de baifers
qu'il voulut. Mais voyant qu'il étoit dans
un état brillant , je fis en badinant fauter les
boutons de fa culotte , & je vis alors
paroître un bijou qui me fit friffonner de
crainte & de plaifir. Soit inftinct naturel ,
foit que mon badinage l'ait rendu plus hardi ,
il paffa la main fous mes jupes & y fouragea.

Son front fe couvrit d'une aimable rougeur ;
fon trouble & fon embarras étoient extrêmes,
lorfque l'attirant tout d'un coup fur moi, &
dirigeant fon dard amoureux vers le centre
des plaifirs , je lui en indiquai l'ufage. Je
crus alors qu'il me déchireroit, tant il me
faifoit fouffrir. Plufieurs fois je le priai de
ceffer , mais inutilement ; femblable à un
cheval échappé , rien ne pouvoit l'arrêter.
Mais bientôt épuifé lui - même par une ample
effufion de la liqueur amoureufe dont je me
fentis inondée , il demeura un inftant fans
mouvement, comme enivré de plaifirs. Puis
revenant de fa léthargie il recommença de
plus belle. Enfin , après quatre afperfions ,
il s'arrêta. Pour moi, plongée dans une mer
de délices, & ne fentant plus rien à force
de fentir , j'étois tombé en pamoifon. Mon
éleve s'occupoit à confidérer mes charmes ;
fes careffes & les baifers dont il couvroit toutes les parties de mon corps , me firent revenir à moi. Accablée de fatigue , je me recou-
chai ; mon amant me demanda de partager

mon lit : je le lui accordai, fachant le Comte
à la Cour; mais fous la condition qu'il me laif-
feroit dormir. Il me promit tout ce que je
voulus; mais à peine y avoit-il une heure
que j'étois au lit, qu'il manqua à fa parole. Je l'aurois grondé fi j'en avois eu la
force; mais cela m'étoit impoffible. Enfin,
après une heure paffée dans de nouveaux
plaifirs, nous nous fommes levés & avons
dîné enfemble. A quatre heures je l'ai con-
gédié & me fuis recouchée, voulant réparer
mes forces. Adieu. Ton amie pour la vie.

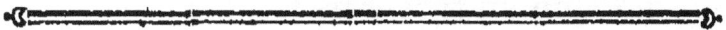

Ce Mercredi 8 Janvier 1783.

Voici, ma chere, quelques petites nouveautés qui ont été dites à un fouper qu'il y a
eu chez moi le jour des Rois. J'ai été la
Reine, le Comte ayant eu la fève. La foirée
a été des plus gaies.

Moralité.

Les courtifans font des jetons,
Leur valeur dépend de leur place;
Dans la faveur des millions,
Et des zéros dans la difgrace.

Le Pere Laconique.

CONTE.

Un Pere avoit un garnement
Qui faifoit chaque jour quelques frafques nou-
velles ,
On le nommoit la terreur des pucelles ;
Toujours au jeu , le vin étoit fon élément.
Il avoit fui loin des yeux de fon pere ,
Qui ne pouvoit exhaler fon courroux
Qu'en ftyle épiftolaire :
Or , des mots ne font pas des coups.
Le bon-homme en fyreur ne fachant plus que
dire ,
A fon vaurien écrivit ces deux mots :
„ Si les coups de bâton , coquin , pouvoient
s'écrire ,
„ Tu ne lirois ceci qu'avec le dos. ''

Epigramme.

Pour tous les vers qu'il fait , le poëte Lubin
Reffent une tendreffe extrême :
Mais des enfans gâtés fes vers ont le deftin ,
Leur pere eft le feul qui les aime.

Mon petit Farfadet eft bien inftruit, il fera ce que je voudrai & fera à mes ordres. Maintenant j'en jouis à mon aife & le contiens. Je veux cependant le tant exercer d'ici à Dimanche , qu'il ne lui prenne pas fantaifie de me faire aucune infidélité pendant les huit jours qu'il fera à Verfailles pour fa garde. Cela feroit un friand morceau pour quelques vieilles Ducheffes , ou quelques paillardes de la cour. Le Comte ne fe doute de rien. Amant , entreteneur , farfadet , je fais les tromper tous , & faire croire à chacun qu'il poffede feul mon cœur. Adieu.

Ce Lundi 13 Janvier 1783.

J'AI été hier au bal de l'Opéra. J'étois mife fort fimplement , mais avec élégance. Reneffon m'accompagnoit. J'avois fur le vifage un petit loup (1) de velours noir. Je fus agacée pendant plus de deux heures par

(1) C'eft un petit mafque qui ne couvre que les yeux & le nez , qui n'a point de mentonniere.

un étranger qu'on m'a dit être un Polonois.
Je m'amufai beaucoup de fa maniere de me
faire la Cour. Son air guindé à vouloir con-
trefaire le petit-maître françois me faifoit
rire. Enfin, après m'avoir bien excédée,
nous étant perdus dans la foule, il me
dit que, fi je voulois aller paffer un quart
d'heure avec lui dans une loge grillée dont
il pouvoit difpofer, il me donneroit cent
louis en deux rouleaux qu'il me fit voir.
Je fis d'abord quelques façons, puis je me
laiffai aller. Imagine-toi que lorfque je fus
rentrée chez moi, & que je voulus ferrer
mon argent, ayant défait les rouleaux, je
n'y ai trouvé que des jetons. Je fuis furieufe
contre cet étranger; fi je le tenois, je lui
arracherois les yeux. Ah! quel gueux! Ce
que je crains, c'eft qu'il n'aille publier cette
aventure, mais ce qui me tranquillife, c'eft
qu'il ne me connoît pas; cela m'obligera
à changer de déguifement quand je retour-
nerai au bal de l'Opéra. Adieu, ma chere,
penfe à ce qui m'eft arrivé, fi on veut te

donner des rouleaux, & n'oublie pas de les défaire ; pour moi, je n'y manquerai jamais.

⸻⸻⸻⸻⸻⸻⸻⸻⸻⸻

Ce Samedi 18 Janvier 1783.

AVANT-HIER, ma chere amie, il y avoit du monde à dîner chez moi ; on y a raconté mon aventure du bal. J'ai penfé rougir ; mais j'ai fait bonne contenance. Ce qui me faifoit enrager, c'eft que tout le monde paroiffoit enchanté de ce que le Polonois avoit attrapé cette demoifelle, fur laquelle on lâcha mille quolibets ; il m'a fallu dire auffi mon mot comme les autres. Le Comte même difoit qu'il donneroit dix louis pour la connoître, qu'il iroit lui en faire fon compliment de condoléance. On a enfuite parlé nouvelles ; on affure que nous aurons la paix dans peu. Tant mieux, car la plupart de nos demoifelles font une trifte figure. Au deffert, comme d'ufage, on a lu quelques vers & chanté des chanfons. Tu trouveras ci-inclus ce qui m'a paru le plus amufant.

amufant. Les Epigrammes furtout ont été fort applaudies de nos beaux efprits, quoiqu'elles aient pû très-aifément s'appliquer à chacun d'eux. Adieu.

ÉPIGRAMME.

Tout fier de quelques prix qu'au Louvre il
    remporta,
Du nombre des Quarante Argan fe croit déja.
Oui, j'en jure, dit-il, fi la troupe immortelle
Ne m'a pas, à trente ans, au fauteuil inftallé,
    Je veux me brûler la cervelle.
  Mes chers amis, c'eft un cerveau brûlé.

Autre.

Bas à quelqu'un, tout le long d'une allée,
Certain auteur fa piece récitoit,
Dont l'autre ayant la cervelle troublée,
Bas contre lui de fon côté peftoit;
Lorfqu'un paffant, coupant leur promenade,
Au-devant d'eux fit un grand bâillement.
    » Paix, à l'auteur fouffla fon camarade,
    » Un peu plus bas; cet homme vous entend,».

I

CHANSON *d'un homme de 50 ans, à une jeune demoiselle, pour le jour de sa fête.*

Air : *Avec les jeux dans le village.*

De ta fête, aimable Suzette,
Jadis j'eus mieux fait les honneurs ;
J'aurois pu te conter fleurette,
Je n'offre aujourd'hui que des fleurs :
Le tems a, d'une main pésante,
Couvert mon front de cheveux gris ;
Et toi, sur ta tige élégante,
Comme une rose tu fleuris.

Lorsque, sous l'ombre paternelle,
Tu croissois à l'abri des vents,
Je disois : elle sera belle
Et la merveille de nos champs.
Mais maintenant ma douce envie
Est de voir hâter l'heureux jour,
Où cette fleur sera cueillie
Et par l'hymen & par l'amour.

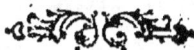

Ce Mardi 21 Janvier 1783.

La paix eſt enfin ſignée d'hier ; j'en ſuis au comble de la joie. On l'a annoncée au ſpectacle. Le Roi eſt venu ce jour là aux François voir la premiere repréſentation du Roi Lear , Tragédie de M. Ducis , imitée de Shakeſpear. Les acclamations du peuple , qui ne ceſſoit de crier avec une allégreſſe extrême , *Vive le Roi* , *Vive le Roi* , lui ont aſſez témoigné la joie qu'on reſſentoit de la paix. On fait partout l'éloge de M. de Vergennes , qu'on nomme le pacificateur de l'Europe. Je ne te mande pas les conditions de la paix , cela t'intéreſſe fort peu. On dit qu'elles ſont très-avantageuſes pour la France & pour l'Eſpagne ; que l'orgueil des Anglois eſt enfin rabattu & qu'ils ne ſe regarderont plus comme les rois de la mer. Quand les Milords le voudront , ils le feront toujours des filles. Adieu. Je t'écris ceci à la hâte & en raccourci parce que j'ai un

I 2

peu mal à la tête & fuis fatiguée d'avoir paffé une partie de la nuit à un bal bourgeois.

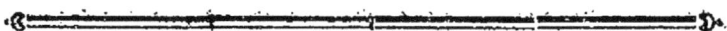

⸺⸺⸺⸺⸺⸺⸺⸺⸺⸺⸺

Ce Samedi 25 Janvier 1783.

Je ne t'écris qu'un mot pour t'envoyer une chanfon fur la paix, & te mander que depuis trois jours je fuis obligée de garder le lit pour une perte qui m'eft furvenue de m'en être trop donné avec mon farfadet au retour de fa garde, dans un tems où j'aurois dû être fage. Je fais paffer cela vis-à-vis du Comte pour avoir trop danfé au bal bourgeois. Mon Chirurgien appuie là-deffus, en difant que les femmes devroient refter tranquilles dans ces fortes de tems & ne pas fe remuer. J'enrage de ma fituation qui me réduit à la continence au moins pendant dix jours. On me fait prendre des demibains, & l'on me fait des embrocations d'huile rofat fur le ventre. Je fuis à la diete & obligée de boire des tifanes. Au diable la maladie, elle m'ennuie furieufement. Adieu. Il faut que j'entre dans le bain. Ton amie pour la vie. Je ne te fouhaite pas un état pareil au mien.

CHANSON.

Air : *de Malboroug.*

La paix eft donc certaine :
Chantons tous le fage Vergenne.
Sur les bords de la Seine
Nous faut la publier.

☉

Nous faut la publier,
Nous faut la publier;
Et ne pas oublier
Que le fage Vergenne
Chantons , &c.
Nous donne cette étrenne
Qu'on ne fauroit payer.

☉

Qu'on ne fauroit payer.   *bis.*
Ceinte de l'olivier,
Sa tête vafte & pleine,

Chantons, &c.

Vient de brifer la chaîne
Qui fembloit tout lier.

⬯

Qui fembloit tout lier.　　　　*bis.*
Nous allons commercer
Sans contrainte & fans gêne ;
Chantons, &c.

Deffus l'humide plaine
Nous pourrons naviguer.

⬯

Nous pourrons naviguer　　　　*bis.*
Et quand le Marinier,
Qu'un meilleur fort ramene,
Chantons, &c.

Viendra reprendre haleine
Au fein de fes foyers.

⬯

Au fein de fes foyers,　　　　*bis.*
Couronné de lauriers,
Sa femme en fera vaine :
Chantons, &c.

Il contera la scene
De ses exploits guerriers.

⬬

De ses exploits guerriers.   *bis.*
Puis du vin du cellier
Buvant à tasse pleine :
Chantons , &c.
    Enfans , parens , Marraine
    Et le Ménétrier.

⬬

    Et le Ménétrier ,   *bis.*
    Crieront à plein gosier :
    Vive le Roi , la Reine ,
Le Dauphin , le sage Vergenne !
    Que le Ciel les maintienne
    En joie un siecle entier.

◐⬬◑

―――――――――

Ce Jeudi 30 Janvier 1783.

LE Comte m'obsede , ma chere amie, à
force de soins ; il ne me quitte presque pas.
Je ne puis voir ni mon amant , ni mon

farfadet. Pour me diftraire, il s'occupe à me lire mille jolies chofes, entr'autres un nouveau recueil de pieces choifies. Je l'ai prié de m'en copier plufieurs que je t'envoye ci-jointes.

On dit qu'il arrive déja beaucoup d'Anglois ; je défirerois bien que la paix te ramene à Paris ; il y a bien long-tems que je ne t'ai vue, j'aurois bien du plaifir à t'embraffer encore. Je te dirai pour toute nouvelle qu'on a volé la montre à Reneffon au dernier bal de l'Opéra ; elle a été en faire fa déclaration à la Police &, fort heureufement pour elle, le filou ayant été arrêté le lendemain, fa montre lui a été rendue ; elle en a été quitte pour la peur. On m'annonce mon Médecin, je quitte la plume, je la reprendrai dès qu'il fera forti.

Demain, ma chere amie, je pourrai me lever, mais il faudra refter fur ma chaife longue. De huit ou dix jours, je ne pourrai monter en voiture, & mon Médecin m'a dit qu'il falloit que je force le Comte à être

fage encore douze jours au moins ; cela me
défole. Je crains qu'on ne m'enleve mon
farfadet pendant ce tems-là ; mais pour me
le conferver, je ferai ufage de mes mains.
Le Comte eft obligé d'aller à Verfailles pour
un jour ou deux, je le verrai tout à mon
aife en fon abfence. Tu vois l'ordre &
l'arrangement que j'ai dans mes affaires, fi
tu m'en crois, tu imiteras ta chere Julie.

Voici quelques-unes des pieces dont je
t'ai parlé plus haut.

Le Souper du Prédicateur.

CONTE.

Un Cordélier avoit un jour prêché
Un beau fermon contre l'intempérance,
Et déployé toute fon éloquence,
Pour démontrer que c'eft un grand péché.
Un auditeur qui fe fentit touché,
Court s'accufer d'un peu de gourmandife.
Dans la cellule, il voit la nappe mife,
Et de Champagne un flacon débouché,

Plus, deux perdrix, une rouge, une grife ;
On peut juger quelle fut fa furprife.
Par mon fermon, je vous ai convaincu,
Dit le Pater ; mais l'habitude eft prife,
Et c'eft ainfi que j'ai toujours vécu.
Difpenfez - vous d'un confeil inutile :
Tout ce que j'ai prêché pour un écu,
Pas ne voudrois le faire pour cent mille.

Epigramme.

La jeune Eglé, quoique très-peu cruelle,
D'honnêteté veut avoir le renom ;
Prudes, pédans vont travailler chez elle
A réparer fa réputation.
Là, le jour, le cercle mifantrope
Avec Eglé, médit, fronde l'amour :
Hélas ! Eglé, femblable à Pénélope,
Défait la nuit tout l'ouvrage du jour.

Le ferment de dupe.

Jurer de n'aimer que Julie
Et tenir ce qu'on a promis,
C'eft vouloir s'amufer deux nuits,
Pour s'ennuyer toute fa vie.

FABLE.

Jupiter & la Brebis.

Grand Jupiter ! difoit dans fon émoi
Une Brebis au maître du tonnerre,
 Las ! tout ce qui peuple la terre,
De tous les tems, s'eft ligué contre moi.
J'ai beaucoup à fouffrir ; chacun me fait la
  guerre.
  Le Dieu l'entendit
   Et lui dit :
 Pauvre & chétive créature,
Il eft trop vrai, je conviens de mon tort ;
De tant d'êtres divers en pleuplant la nature,
 J'oubliai qu'un arrêt du-fort
 Soumettoit tout à la loi du plus fort,
Et toi feule n'as rien pour repouffer l'offenfe.
De griffes, fi tu veux, je vais armer tes pieds ;
Ta bouche va t'offrir une belle défenfe. —
Avec les animaux cruels & carnaffiers
  Je ne veux pas de reffemblance,
  Dit la Brebis. — Aime - tu mieux
Que fous tes dents un poifon—Ah ! grands
  Dieux !

On les hait trop, ces bêtes venimeufes,
— Eh bien, je vais parer ton front
De deux cornes majeftueufes,
Et de ton cou les forces s'accroîtront. —
Non, mon pere, non, non, l'offre eft trop
    dangereufe,
Je deviendrois peut-être querelleufe.
— Mais ta raifon eft en défaut,
Répond Jupin, c'eft une regle admife,
Si tu ne veux pas qu'on te nuife,
Il faut pouvoir nuire. — Il le faut,
Répond en pleurant la pauvrette?
Laiffez-moi donc comme vous m'avez faite,
A mes ennemis furieux
Je ne prétends plus me fouftraire;
Je fubirai mon fort, & j'aime mieux
Souffrir bien du mal que d'en faire.

VERS à Mlle de *** qui peignoit des Papillons.

Oui, fous votre pinceau, je vois tout s'animer;
Vos papillons, Iris, font ceux de la nature,
Et vous avez trop bien le fecret de charmer
Pour en faire jamais autrement qu'en peinture.

Le mauvais Imprimeur.

CONTE.

Nicodême, fils d'Imprimeur,
Et Sufon, fille de Libraire,
S'éprirent d'une folle ardeur,
Sans pourtant fonger à mal faire.
Amour fit un jour au duo
Effayer du baifer la volupté fuprême,
Si que la paffion du pauvre Nicodême,
D'in - feize qu'elle étoit, devint in-folio.

Leurs quatre levres toutes neuves,
Du premier choc trouverent le plaifir ;
Tant eft vrai qu'on fait bien quand on cede au
  défir,
Tant eft vrai qu'en baifant n'eft pas befoin
  d'épreuves.
Or Nicodême auffitôt s'en alla :
  ,, Ah ! dit la fille du Libraire,
  ,, Le fot Imprimeur que voilà !
  ,, Peut - il attrapper la maniere
  ,, D'un baifer comme celui - là ,
  ,, Et n'en tirer qu'un exemplaire ?

Le Nombre fâcheux.

Maudits foient grilles & verroux,
Avec eux les maris jaloux,
Et toute prude furveillante !
Life toujours eft chez fa tante :
J'y vais, dans un fauteuil, à l'aife au coin du
feu,
Doucement la tante fommeille.
Voyant cela, Life à l'oreille
Me dit : enfin, Damis, je te dois un aveu ;
Oui, pour jamais mon tendre cœur t'adore.
Depuis long-tems auffi, même ardeur me dé-
vore,
Lui dis - je à demi-vois ;
Ah ! fi nous étions deux, que ferions - nous,
ma chere ?
Elle faifit ma main, contre fon fein la ferre,
Et répond feulement : hélas ! nous fommes trois.

Jugement de l'Amour fur les yeux noirs & les yeux bleus.

Un jour les beaux yeux noirs, aux vives étin-
celles,
Et les bleus aux regards doux, tendres & mou-
rans,

(Jamais plus grand objet n'intéreſſa les belles)
Voulurent à la fin terminer leurs querelles ;
  Et que l'amour fixât leurs rangs.
Au Juge de Cythere ils préſentent requête ;
Ils plaident : mes amis , c'eſt bien en pareil cas
Qu'il eſt charmanr de voir plaider les Avocats.
  L'Amour en bonne & grave tête ,
Sur la foi des baiſers , integres rapporteurs ,
  Mit ainſi d'accord les plaideurs :
Les yeux noirs ſavent mieux briller dans une
  fête ,
Les bleus ſont plus touchans à l'heure du ber-
  ger ;
Les yeüx noirs ſavent mieux conquérir , rava-
  ger ,
  Les bleus gardent mieux leur conquête ;
Les noirs prouvent un cœur plus vif, mais plus
  léger ,
Les bleus un cœur plus tendre & moins promt
  à changer ;
Les noirs lancent mes traits , les bleus ma
  douce flâme ;
Les noirs peignent l'eſprit & les bleus peignent
  l'âme.

É N V O I.

À juger des beaux yeux l'Amour rifqua les
    fiens ;
Une belle aux yeux noirs eût pu venger fa
    caufe.
Même par ce récit je fais que je m'expofe ;
Mais vos yeux indulgens protégeront les
    miens.

—————————————————————

Ce Vendredi 7 Février 1783.

Tu fauras, ma chere amie, que le Marquis
de * * * vivoit depuis trois mois avec la belle
Sainte - Marie. S'étant douté qu'elle lui faifoit
des infidélités pendant les fréquens voyages
qu'il étoit obligé de faire à la cour, il l'a fait
épier. On lui a rapporté que l'Evêque de * *
le remplaçoit fouvent dans le lit de la belle.
Piqué de cet affront, il réfolut de s'en
venger avantageufement. En conféquence
1 prétexta un voyage de plufieurs jours.
Le Prélat ayant été informé de l'abfence du
                Marquis ;

ne manqua pas , felon fa coutume, de fe
rendre chez Sainte - Marie. Le Marquis revient au milieu de la nuit, & comme il avoit
un paffe-partout, il entre fans être apperçu.
Arrivé près du lit , il en tire les rideaux &
fait l'étonné en reconnoiffant Monfeigneur.
Soyez le bien venu ici , lui dit-il ; mais , en
vérité , il n'eft pas jufte que je paye vos
plaifirs. Il y a trois mois , Monfeigneur , que
je vis avec mademoifelle , elle me coûte
quinze mille livres , il faut que vous me les
rendiez , ou j'envoye chercher la garde pour
vous arrêter & reconduire chez vous. Monfeigneur voulut compofer , mais il n'y eut
pas moyen de reculer. Il donna ce qu'il avoit
fur lui & fit un billet du refte payable fans
déport le lendemain. Le Marquis tirant enfuite les rideaux leur fouhaita une bonne nuit,
& dit à Monfeigneur qu'il lui cédoit tous fes
droits fur la belle. Le billet ayant été acquitté
le lendemain , le Marquis n'eut rien de plus
preffé que de publier fon aventure, qui fait
aujourd'hui la nouvelle du jour. Monfeigneur

K.

en eſt plus déſolé que de l'argent que cela lui
coûte ; on croit qu'il ſera obligé d'aller faire
un tour à ſon dioceſe.

Ma ſanté va toujours mieux. Je monterai
demain en voiture pour la premiere fois.
Adieu.

* * *

Ce Jeudi 13 Février 1783.

Depuis que je peux monter en voiture,
je me ſuis un peu dédommagé du tems que
j'ai gardé la chambre. J'ai été à tous les ſpectacles, & ce ſoir je vais au bal de l'Opéra.
Mais je ſuis obligée d'avoir beaucoup de
ménagemens pour l'amoureuſe jouiſſance ;
j'en enrage ainſi que mon farfadet & mon
amant à qui je rends de petits ſervices pour
éviter les infidélités. Cela les calme un peu ;
mais ce jeu ne fait qu'irriter mes déſirs, en
voyant dans ma main le fruit défendu ſans
en pouvoir goûter.

Les Anglois arrivent en foule. L'intrigant
S * * * qui eſt au fait de tout cela, m'a aſſuré

qu'il y en avoit plus de foixante à Paris. Il
va tâcher de fe placer pour interprete auprès
de quelqu'un ; il m'a propofé de me faire
faire avec eux quelques paffades (1). J'y ai
confenti, pourvu qu'elles foient au moins de
cent louis. Nous fommes convenu qu'il en
auroit le quart, & que fon appartement feroit
le lieu de nos rendez-vous & le théâtre de
mes fecrets ébats. Rien n'eft plus commode
que fon logement pour ces fortes d'intrigues ;
il demeure dans le paffage du Commerce,
qui, comme tu fais, a trois iffues ; on peut
entrer ou fortir alternativement par l'une ou
par l'autre, fans crainte même du foupçon.
Je crois, ma chere amie, que fi tu étois ici,
tu ferois bien tes affaires. Tu as une jolie
figure, & tu fais amorcer tes amans. Adieu.
Je vais voir comment je me mafquerai ce
foir pour que le Polonois ne puiffe pas me
reconnoître. Je fuis fâché de ne pouvoir
m'en venger, je le ferois avec bien du

(1) C'eft ainfi que les demoifelles appellent une
infidélité pour une fois feulement.

plaifir ; mais ce qui me confole , c'eſt que
mon hiſtoire étant fue , il ne trouvera plus
de dupes. Porte - toi bien.

J'a i été , ma chere amie, au bal Jeudi &
Dimanche dernier , où je me fuis bien
amufée. J'étois Jeudi avec ma femme de
chambre , & le Dimanche avec mon farfadet
que j'avois habillé en femme. Comme il a
la peau très-blanche & n'a pas encore de
barbe , mes ajuſtemens lui vont à merveilles.
Le Comte a paru fort intrigué de favoir avec
qui j'étois ; je lui ai dit que c'étoit une
nouvelle connoiſſance que je lui préfenterois
au premier jour, il s'en eſt contenté. Après
le bal, j'ai amené mon farfadet chez moi, &
lui ai donné mes prémices depuis ma maladie ; mais je ne l'ai pas laiſſé en prendre
à fa fantaifie , parce qu'on m'a recommandé
beaucoup de modération fur cet article.
D'avoir été quelque tems fage , cela ne m'a

bas fait de mal ; j'ai mieux fenti le plaifir.
Demain le Comte aura fon tour , c'eft chofe
convenue avec le Médecin. Adieu ; je te
fouhaite joie & fanté.

Ce Samedi 22 Février 1783.

JE crains , ma chere amie , d'avoir fait l'autre
jour une imprudence en menant mon farfadet
au bal de l'Opéra déguifé en femme. Le
Comte m'a parlé plufieurs fois de ma nouvelle
amie ; il a eu l'air de me railler & dit qu'il
feroit enchanté de la connoître. Il me bat un
peu froid , cela m'inquiete , quoique fur le
pied où je fuis , j'aurai bientôt trouvé quelqu'un qui briguera l'honneur de fe ruiner
avec moi. Nous fommes , ma chere amie ,
des effets commerçables , & nous augmen-
tons de valeur à proportion que nous changeons de main. Au refte , arrive ce qui pourra,
je ne ferai pas embarraffée ; il y a déja ici
beaucoup d'étrangers , & il en arrivera furement encore ; ainfi la-deffus , point d'inquié-

K 3

tude. Adieu, chere amie, il faut pourtant convenir que la vie eſt remplie de bien des traverſes.

Ce Vendredi 28 Février 1783.

LE Comte a toujours beaucoup de froid vis-à-vis de moi. Je n'ai plus le même empire ſur lui; j'ai voulu bouder, il m'a laiſſé là. Je vois qu'il faut que je me montre ſouvent en public pour trouver quelqu'un qui le remplace. J'ai écris à S * * * pour lui en faire part ; il m'a répondu qu'il falloit prendre patience & ne m'inquiéter de rien. Le Comte dit qu'il va paſſer quelques jours à Verſailles. Eſt-ce un prétexte? Ai-je mon congé? Je voudrois tout de ſuite ſavoir à quoi m'en tenir. Les jours gras ſeront bien triſtes pour moi; j'avois cependant eſpérer de les paſſer gaiement. Ah! qu'une imprudence fait de tort! mais hélas! a-t-on toujours le pouvoir de réfléchir? Je vais eſſayer de faire la malade ; fi cela ne ramene pas le Comte, il n'y faudra plus compter. Adieu , ma chere amie , j'ai bien du chagrin.

***

Ce Lundi 3 Mars 1783.

Ma feinte maladie n'a fervi de rien ; le Comte eft parti pour Verfailles en me difant d'un air moqueur que je n'avois qu'à envoyer chercher ma nouvelle amie , qu'elle me tiendroit furement bonne & fidelle compagnie. J'enrageois. Je lui ai ponctuellement obéi ; car à peine a-t-il été parti, que j'ai mandé à mon farfadet de venir. Je vais bien employer mes momens avec lui, & cela me calmera un peu , car je fuis en colere & d'une humeur affreufe. Je veux cependant aller ce foir au bal de l'Opéra ; le Comte étant abfent , farfadet me donnera le bras.

Je crains que le Comte n'ait été inftruit de ma conduite par un domeftique que j'ai renvoyé il y a un mois. Je conviens que j'ai eu

fort de le mettre à la porte , mais c'étoit
un infolent.

En feuilletant plufieurs papiers , j'ai trouvé
quelques. vers que j'avois fait copier par le
Comte pour te les envoyer , je les joins à
ma lettre. Si le Comte me quitte , adieu la
poéfie ; les entreteneurs font rarement amis
des Mufes. Adieu, chere amie ; que l'incer-
titude fur fon fort eft cruelle !

Partant quitte.

C O N T E.

Alain difoit : ma femme , écoute - moi.
Je t'avouerai qu'avant que d'être à toi,
Bien jeune encore , je fis une folie ;
J'eus une fille : elle eft, ma foi, jolie.
Prends-là chez nous , faute de nourriffon ;
Je veux de toi qu'elle prenne leçon ;
Tu l'aimeras, car elle te reffemble.
Et moi, j'ai fait, dit-elle, un beau garçon;
Il nous faudra les marier enfemble.

EPIGRAMME.

La faim preſſoit ta femme, elle a dîné ſans toi,
  Damon, je ne vois pas de quoi
Gronder comme tu fais, & faire tant de gloſes.
Dîner ſans ſon époux eſt-ce un ſi grand péché?
Ta femme a fait ſans toi de plus étranges choſes
  Dont tu ne t'es pas tant fâché.

Ce Mercredi 19 Mars 1783.

Tu dois avoir été inquiete, chere amie,
de ce que je ne t'ai pas écrit depuis plus de
quinze jours ; c'eſt que j'ai été fort occupée
avec le Comte à ſon retour de Verſailles. Je
l'avois un peu ramené, je croyois le tenir
de nouveau dans mes filets, quand une nouvelle imprudence a achevé de me perdre
totalement dans ſon eſprit. Je n'attendois
pas le Comte, & j'étois avec mon farfadet,
toute nue & lui de même, lorſqu'arrivant
ſubitement, le Comte nous ſurprit dans cette
attitude. Il s'en eſt allé ſans dire un ſeul

mot, & voici la lettre qu'il m'a écrite un quart d'heure après.

Ce Lundi 18 Mars 1783,

M A maniere d'agir avec vous & l'honnêteté de mes procédés auroient dû me gagner votre amitié & méritoient au moins que vous me fuſſiez fidelle. Je vois que vous êtes comme toutes vos femblables, & que celui qui paye n'eſt jamais l'amant du cœur. Je vous fouhaite beaucoup de plaiſir avec le jeune homme que j'ai furpris chez vous. Je vous laiſſe maintenant libre de faire ce que vous voudrez ; j'exige feulement que vous faſſiez ôter mon portrait de deſſus votre bracelet, & me le faſſiez tenir par le porteur ; il n'eſt pas fait pour reſter entre les mains d'une perfonne qui a ſi cruellement offenſé l'original. Je vois bien à préſent que tout ce que la Jeuneſſe m'a dit eſt vrai. Je n'avois pas voulu le croire , vos feintes careſſes m'avoient féduit. Il faut être bien fou de s'attacher à de pareilles créatures ! Je vous

conseille , fi vous trouvez encore quelque
dupe , de mieux prendre vos précautions &
de ne pas vous laiffer furprendre.

Le Comte de * * *.

Je lui répondis :

Il m'eft impoffible, cher Comte , de pallier
mes torts. Ne me pardonnerez-vous pas ce
moment de foibleffe ? Faut-il que je perde
le meilleur des hommes pour une erreur ?
Je ne chercherai pas , cher Comte , à réfuter
les propos de la Jeuneffe ; mais pouvez-vous
écouter ce que dit un laquais qu'on renvoye
& que l'humeur fait parler ? Revenez , cher
Comte , que je me jette à vos genoux &
que j'obtienne mon pardon. Je vous jure
une fidélité à toute épreuve. Comment pouvez-vous appeller les marques de mon amitié
de feintes careffes ? Ah ! ingrat , c'étoient
bien les expreffions du cœur. Quoi ! vous
voulez que je rende le portrait d'un homme
que j'aime & à qui je dois tant ? Deman-
dez plutôt ma vie. Oui , je le garderai , &

l'arroferai de mes larmes. Ah ! Comte,
venez, ou vous me cauferez la mort. Hélas !
mon repentir mérite grace.

> JULIE, la plus malheureufe,
> la plus défolée & la plus
> punie des femmes.

J'en reçus le billet fuivant.

Puifque mon portrait peut vous intéreffer
encore , gardez-le ; mais ne comptez plus
fur l'original. Quand une fois j'ai pris mon
parti , tout eft dit. Je vous fouhaite beaucoup de bonheur & de profpérité.

Tu vois , ma chere, que c'eft une affaire
terminée & que j'ai mon congé dans les
formes. Tant mieux, je fuis charmée de
favoir mon fort & que cela n'ait pas lambiné.
J'irai ce foir aux François , & demain à
l'Opéra ; il faut bien tâcher de trouver quelqu'un qui faffe aller la maifon. Je ne veux
pas cependant me donner au premier venu.
S*** m'aidera beaucoup dans cette circonf-
tance ici. Je crois que je ne prendrai pas de

François; il me faut un Milord, ou bien un jeune homme qui ait hérité fraîchement de quelque vieil avare, & foit empreffé à faire danfer les efpeces du défunt. Adieu.

Ce Jeudi 27 Mars. 1783.

Il y a eu le 25 une courfe de chevaux Anglois de la Barriere de la Conférence à la grille du château de Verfailles. Le cheval de M. le Chevalier de Saint - Georges a gagné ; il a fait le chemin en 31 minutes : il y a cependant près de quatre lieues. C'eft bien fort.

Je n'ai encore perfonne. Il s'eft préfenté différens partis, mais cela n'eft pas du coffu. Je me fuis contenté de faire deux paffades. J'ai maintenant mes coudées franches fur cet article. Mon farfadet a été plus défolé que moi de l'aventure du Comte. C'eft un bon diable ; il eft bien fâché de ne pouvoir rien me donner ; il a peu de fes parens pour fes menus plaifirs.

Voici un petit conte qui m'a paru plaifant, ce fera à peu près, je crois, les derniers vers que tu recevras de moi. Adieu,
ma chere Eulalie, je ne fuis pas mécontente
de la vie libre que je mene; elle m'amufe
affez.

Le Sermon fans fin.
CONTE.

Certain Prêcheur, par fa longueur extrême,
Laffa les gens : l'auditoire s'endort;
On fe réveille, on voit qu'il n'eft encor
Qu'au premier point; on étoit en carême :
On veut dîner, on défile & l'on fort.
Le Sacriftain refte & fe réconforte;
Il boit un coup, mange du pain beni,
Puis va chercher les clefs & les apporte :
Il faut, dit-il, mon pere, que je forte;
Voici les clefs : quand vous aurez fini,
    Vous voudrez bien fermer la porte.

Ce Jeudi 3 Avril 1783.

J'IRAI, ma chere, étaler mes charmes à Long-Champs (1) ; je veux y paroître brillante ; j'espere beaucoup de ces trois jours-là. J'y ferai furement quelques connoiffances, qui me vaudront ou un entreteneur, ou au moins quelques bonnes paffades.

Je ne fais pas encore qui m'a remplacée auprès du Comte ; je l'ai trouvé l'autre jour à la fortie du fpectacle : nous nous fommes falués, mais il ne m'a pas parlé.

Il paroît que les Anglois ne font plus fi généreux qu'anciennement. S*** m'a écrit

(1) A Paris, dans le Carême, le Mercredi, le Jeudi & le Vendredi faint, au lieu d'aller à ténèbres, qui eft l'office de l'après-dîné, tout le monde fe rend en voiture au Bois de Boulogne, dans l'allée de Long-Champs. Les Demoifelles entretenues y vont faire briller la générofité de leurs amans par leur luxe & la magnificence de leurs équipages. Les autres y vont étaler leurs charmes pour trouver des entreteneurs.

pour m'en propofer un qui voudroit vivre
avec moi , mais fes offres ne me conviennent
point; je l'ai refufé. Mon farfadet entre , je
quitte la plume. Ce foir ou demain j'ache-
verai ma lettre. . . . . . .

C'étoit mon jour de loge aux Italiens , j'y
fuis allé avec farfadet. Il m'a pris une envie
de jouir au milieu du fpectacle ; j'étois fort
échauffée par la mufique ; j'ai tiré le rideau
de gaze & j'ai abfolument voulu que farfadet
fe mît en devoir de me contenter. Nous
avons été très-gênés , mais enfin , tant bien
que mal , cela a réuffi. On jouoit juftement
pendans ce tems-là un morceau de mufique
amorofo , & le *prefto* a été le moment in-
téreffant. Cela m'a beaucoup amufé ; fi j'étois
riche , je voudrois avoir tous les jours de
la mufique à mon coucher , & je ne m'en-
dormirois jamais fans cela. S'il y a des loges
grillées à Bordeaux , comme je n'en doute
nullement , effaye , ma chere Eulalie , & tu
m'en diras des nouvelles. En vérité , c'eft
charmant ,

charmant, & je n'y penfe pas fans avoir envie de recommencer. Adieu. Tu vois que ton amie fait ce qu'elle peut pour paffer le tems agréablement.

***

C'est demain & les jours fuivans que je vais tenter fortune ; ma voiture fera fimple. J'ai fait habiller mes gens à neuf, mon cocher aura des mouftaches & un gros bouquet. Je ferai mife avec une robe de la dernière élégance, & coëffée en cheveux ; c'eft ce qui me va le mieux. Je n'aurai perfonne avec moi ; je ne veux pas partager les regards du public. Il faut que, ce foir, il foit parlé de Julie dans tout Paris. Plus d'une femme crevera de dépit de me voir briller ; & le Comte enragera de ce qu'il ne pourra pas dire : c'eft ma maîtreffe. On fait notre rupture.

J'ai appris enfin le choix du Comte ; il donne à préfent dans les femmes honnêtes,

ou du moins qui veulent paſſer pour telles ;
il vit avec la Marquiſe de * * *, elle le me-
nera grand train, c'eſt une élégante, elle
ne peut porter un bonnet trois jours de ſuite.
Les mémoires qu'il faudra qu'il paye à
Mademoiſelle Bertin ſeront forts.

J'ai été ſouper hier ſur le Boulevard avec
mon farfadet ; j'avois de l'ennui & je voulois
me diſſiper. Une de ces Vielleuſes à l'uſage
des vieux paillards nous a chanté diverſes
chanſons gaillardes qui m'ont aſſez amuſé ;
je t'en envoye deux que je me ſuis fait
écrire à cette intention.

Je ſuis bien fàchée de te voir auſſi obſtinée
que tu l'es de vouloir reſter à Bordeaux. Je
n'aurai donc plus le plaiſir de voir ma chere
Eulalie & de lui jurer que je lui ai voué
mon amitié pour la vie. Adieu, méchante.

C H A N S O N.
LE SOT AMANT.
Air : *du Sabot.*

Que j'enrage d'aimer Nicaiſe !
Diſoit Dorine l'autre jour ;

Tout autre que lui feroit aifé
De m'infpirer un tendre amour ;
Loin de contenter mon envie,
C'eft le plus fot & froid garçon ;
Il mérite bien qu'on s'écrie :
Ah ! le cruchon ; ah ! le cruchon.

Un jour, par une chanfonniette ;
Je lui témoignai mes défirs ;
Mille fois je la lui répéte,
Avec les plus tendres foupirs.
C'étoient toutes peines frivoles ;
L'air, dit-il, me femble affez bon ;
Je ne comprends rien aux paroles :
Ah ! le, &c.

Sur une naiffante verdure ;
Avant le lever du foleil,
Goûtant la fraîcheur la plus pure ;
J'affectois un tendre fommeil ;
Ma gorge étoit à demi-nue ;
Tout lui difoit : il y fait bon ;
Il ne contenta que fa vue.
Ah ! le, &c.

Sur un chemin couvert de glaces,
Le hasard nous fit rencontrer.
Que ce jour-là j'avois de graces!
J'étois faite pour tout tenter;
Je glissai, ma jupe voltige,
Il me couvrit de son manchon;
Vous êtes complaisant, lui dis-je;
Ah! le, &c.

Au son de sa tendre musette,
Aux accens de son chalumeau,
Je formois des pas sur l'herbette,
Que son sort devoit être beau!
Pour le favoriser je glisse,
Et je tombai sur le gazon;
Il me releva sans malice;
Ah! le, &c.

L'autre jour que c'étoit ma fête,
Je lui demandois un bouquet.
Quel bouquet veux-tu que j'apprête?
Dit-il, je n'en ai jamais fait.
Pauvre garçon, que tu es bête!
Ta fleur est de toute saison;

Tu n'as jamais fu la connoître ;
Ah ! le, &c,

Enfin, pour la lui donner belle,
Oh ! devinez ce que je fis :
Feignant de moucher la chandelle,
Adroitement je l'éteignis.
Le fot, pour fignaler fon zele,
Fut vîte chercher un tifon ;
Il lui falloit de la chandelle !
Ah ! le cruchon ! ah ! le cruchon !

Autre.

LE BONNET.

Air : *Un Cordélier dit à Nicette.*

Un jour la petite Lifette
Faifoit un bonnet élégant ;
Quand il fut fait, fon cher amant,
Voulut le mettre fur fa tête :
Le mit-il ? ne le mit-il pas ?
C'eft ce que nous ne favons pas. *bis.*

Lifette dit : qu'allez-vous faire ?
Vous allez me le chiffonner ;
Finiffez, je vais me fâcher,
Vous me feriez mettre en colere ;
Ce bonnet exige du foin,
Monfieur, vous ne le mettrez point. *bis.*

◎ ◎ ◎

L'amant faifoit la fourde oreille
Au difcours que Life tenoit,
Il foutenoit que ce bonnet
Devoit le coëffer à merveille,
Le mit-il ? ne le mit-il pas ?
C'eft ce que nous ne dirons pas. *bis.*

◎ ◎ ◎

Vous avez la tête trop forte,
Il ne pourra la contenir ;
Ciel ! vous allez me l'aggrandir,
Eft-ce qu'on agit de la forte ?
Ce bonnet exige du foin,
Monfieur, vous ne le mettrez point. *bis.*

◎ ◎ ◎

Ni plus ni moins que fans cervelle,
L'amant alloit toujours fon train ;

Il tenoit le bonnet en main ,
Malgré les cris de cette belle ;
Le mit-il ? ne le mit-il pas ?
C'eſt ce que nous ne favons pas.   *bis.*

◎ ◑ ◎

Liſe , pour avoir gain de cauſe ,
Propoſa cet arrangement :
Maniez - le bien , oui , j'y conſens ,
Prenez la barbe & le fonds roſe ;
Tenez le bien dans votre main ,
Mais , Monſieur , ne le mettez point. *bis.*

◑ ◔ ◕

Enfin l'amant , plus raiſonnable ,
Ne le mit que pour faire ſemblant ;
Liſe dit : vous faites l'enfant ,
Ah ! que vous êtes inſupportable !
Voilà Maman , c'eſt un témoin ,
Monſieur , vous ne le mettrez point. *bis.*

Ce Jeudi 10 Avril 1783.

HIER, ma chere amie, j'ai beaucoup été
remarquée à Long-Champs. J'étois très-

brillante. J'ai eu la fatisfaction d'entendre dire
plufieurs fois : qu'elle eft jolie ! qu'elle eft
élégante ! Heureux qui peut l'avoir pour fa
maîtreffe ! Les gens du commun témoignoient
leurs défirs en termes plus énergiques. Après
avoir joui quelque tems de ce petit triomphe,
je fuis parti pour aller au concert fpirituel (1).
En arrivant, tous les regards fe font fixés
fur moi ; il s'eft élevé un murmure qui a
interrompu le concert. J'étois au comble de
la joie de faire tant de fenfations. Cela m'en-
courage ; je veux tâcher d'être aujourd'hui
encore mieux qu'hier. Adieu, je vais m'occuper férieufement de l'affaire importante de
ma toilette.

P. S. Pendant que j'étois à Long-Champs,
j'ai prié mon farfadet qui étoit refté chez
moi de te copier quelques jolies poëfies
que voici :

(1) A Paris, les jours où il n'y a pas de fpectacle, il y a concert fpirituel au château royal
des Thuileries.

VERS

A M. de*** & à Mademoiselle de***,
la veille de leur mariage.

Jeunes amans, heureux époux,
Qui touchez au moment le plus beau de la vie;
L'un de vous dans mon cœur a fait naître
      l'envie,
Et l'autre un sentiment plus doux.

MADRIGAL.

A Madame de **, qui venoit d'accoucher
d'un garçon, & dont le mari avoit
quatre-vingt ans.

Jeune Eglé, votre époux, dit-on,
Malgré le froid des ans, tendrement vous
      adore ;
Ses soins & son ardeur viennent de faire éclore,
En dépit des hivers, un nouveau rejeton.
    Bien plus fortuné que Titon,
Il a su rajeunir dans les bras de l'Aurore.

Lucas & son Seigneur,

CONTE.

Or ça, Lucas, mon cher voisin,
Quand te fais-tu porter en terre?
Je ne puis plus, sans un mortel chagrin,
Voir mon parc échancré par ta vieille chau-
        miere.
Ainsi parle à Lucas son Seigneur libertin,
En promenant une main téméraire
Sur le sein rembruni de sa moitié sévere,
Qui la repousse avec dédain.
Morgué, lui dit Lucas que sa colere enflamme,
Mieux vaut perdre son bien que de perdre
        l'honneur;
Arrondissez votre parc, Monseigneur,
Mais n'arrondissez pas ma femme.

Epitaphe de FRÉRON.

Lorsque le Jubilé commence,
Dans le tombeau *Fréron* descend;
Quand on vit sans être indulgent,
On doit mourir sans indulgence.

Ce Samedi 12 Avril 1783.

Mes apparitions à Long-Champs , ma chere amie, n'ont pas été infructueufes. Le Vendredi un laquais fuperbement habillé, vint me remettre la lettre dont voici copie.

Ce Vendredi.

Votre figure , Mademoifelle , a fait fur moi une vive impreffion. Je m'étois toujours mis en garde contre l'amour , mais je vous vis & l'amour triompha. Flegmatique , comme c'eft le caractere de ma nation , je ne croyois pas que je puiffe être une nuit fans dormir pour avoir vu deux beaux yeux , & que fans ceffe l'image de celle qui en eft porteufe reviendroit à mon imagination Vous feriez bien aimable fi vous me permettiez d'aller vous faire ma cour. Si j'étois affez heureux pour vous trouver libre, je vous propoferois de partager la fortune de celui qui ne s'occuperoit qu'à faire votre bonheur.

Je fuis, Mademoifelle, avec le plus violent amour, votre très - humble & très - obéiffant ferviteur,

Milord * * *.

Je répondis :

Je fuis très-fenfible, Milord, aux chofes honnêtes que vous me dites & ferai très-flattée d'avoir l'honneur de vous voir chez moi Samedi. Je ne fortirai point & ferai vifible toute l'après - dîner. Aujourd'hui je retourne à Long-Champs. J'ai l'honneur d'être, Milord, votre très-humble & très-obéiffante fervante.

Un de mes chevaux s'étant déferé aux Champ Elyfées, je n'arrivai que très-tard à Long-Champs. Je n'y apperçus pas Milord, quoique furement il y aura été ; mais, ne m'y voyant pas, peut-être fe fera-t-il en allé. J'attends avec impatience l'entrevue de cette après-dîner. Demain, ou Lundi au plus tard, je t'en donnerai des nouvelles. Adieu, ma chere amie.

Ce Dimanche 13 Avril 1783.

TOUT va le mieux du monde , chere
amie , l'Anglois eft venu me voir ; il m'a
fait les complimens les plus honnêtes & les
plus belles propofitions ; mais je n'ai rien
accepté ; je veux un peu le faire foupirer.
Il a l'air d'un fort honnête homme. Il peut
avoir quarante ans ; il eft grand , d'une figure
qui paroît avoir été très-agréable. Il a un
grand nez , & tu fais que c'eft un heureux
pronoftic , qui cependant n'eft pas une regle
générale. Je lui donne à fouper demain.
Adieu, je ne t'écrirai pas d'ici à quelques jours,
voulant avoir quelque chofe de pofitif à te
mander. Je vas ce foir étaler mes graces
aux Boulevards. Ta chere amie pour la vie.

Ce Lundi 17 Avril 1783.

JE fuis, ma chere amie , plus heureufe que
jamais. L'Anglois vit maintenant avec moi.

Il me fait une offre que je goûte affez, c'eft de voyager avec lui ; il me fera avant notre départ trois mille livres de rente viagere, & payera d'avance deux années de mon loyer, à peu près le tems que nous ferons à parcourir l'Europe. Je lui ai demandé quelque tems pour me décider, afin de tâcher de connoître fon caractere, fi je le puis : car les hommes font auffi diffimulés que les femmes. Il m'a accordé jufqu'aux premiers jours de Mai. Mande-moi ce que tu me confeille. Je ne t'écrirai pas d'ici à ce tems-là, ne voulant m'occuper que de mon Anglois. Adieu, ma chere Eulalie ; je t'aimerai toute ma vie.

Ce Dimanche 4 Mai 1783.

ENFIN le fort en eft jetté, ma chere amie ; je pars, l'argent eft chez le Notaire, & le contrat eft paffé. Mon loyer eft payé ; mon propriétaire fe charge de mon mobilier, dont il a été fait un inventaire double entre

(175)

nous. Milord me paroît un galant homme, à qui je crois pouvoir me fier en toute affurance. Adieu, ma chere amie, les embarras, inféparables d'un départ prochain, m'empêchent de t'en dire davantage: crois que je ne t'oublierai jamais & que j'efpere que nous ferons réunies un jour. En faifant mes malles, j'ai mis de côté une petite pacotille de chiffons à ton ufage que je te prie d'accepter. Tu les recevras par la premiere diligence. Ta meilleure amie pour la vie.

FIN.

www.ingramcontent.com/pod-product-compliance
Lightning Source LLC
Chambersburg PA
CBHW072044080426
42733CB00010B/1984